新时代：改革再出发

改革开放专题图书

◎ 李海青 著

SPM
南方出版传媒
广东人民出版社
·广州·

图书在版编目（CIP）数据

新时代：改革再出发 / 李海青著. —广州：广东人民出版社，2019.4（2020.4重印）
ISBN 978-7-218-13510-6

Ⅰ. ①新… Ⅱ. ①李… Ⅲ. ①改革开放—中国—学习参考资料 Ⅳ. ①D61

中国版本图书馆CIP数据核字（2019）第066712号

XINSHIDAI: GAIGE ZAI CHUFA
新时代：改革再出发
李海青 著

版权所有 翻印必究

出 版 人：肖风华

责任编辑：钟 菱 王 鹏 王红星
责任技编：吴彦斌
封面设计：奔流文化

出版发行：广东人民出版社
地　　址：广州市海珠区新港西路204号2号楼（邮政编码：510300）
电　　话：（020）85716809（总编室）
传　　真：（020）85716872
网　　址：http://www.gdpph.com
印　　刷：佛山市浩文彩色印刷有限公司
开　　本：787mm×1092mm　1/16
印　　张：12.5　字　数：100千
版　　次：2019年4月第1版
印　　次：2020年4月第2次印刷
定　　价：34.80元

如发现印装质量问题，影响阅读，请与出版社（020-85716849）联系调换。
售书热线：（020）85716826

目 录
Contents

第 一 章　新时代改革的历史方位　/ 1

党的十八大以来，中国特色社会主义之所以能够进入新时代，根本原因就在于对难题挑战形成了有效的解决思路，取得了不凡的实践效果。这种巨大的历史性变革和成就表明中国特色社会主义的发展相比以往有了一个质的飞跃，展现出新的气象，达到了新的高度。

　一　新的时代课题　/ 3
　二　新的实践成就　/ 13
　三　新的开创意义　/ 17

第 二 章　新时代改革的历史使命　/ 23

在新时代，要实现伟大梦想，就必须进行许多具有新的历史特点的伟大斗争，必须毫不动摇推进党的建设新的伟大工程。"四个伟大"就是要解决新时代"举什么旗、走什么路、以什么样的精神状态、依靠什么样的领导力量、担负什么样的历史使命、实现什么样的奋斗目标"的问题。

　一　民族复兴的历史进程　/ 25
　二　民族复兴与"四个伟大"　/ 30
　三　民族复兴的战略安排　/ 34

第三章　新时代改革的价值遵循　/39

　　以人民为中心是新时代改革的价值遵循。以人民为中心意味着在改革中要把人当作主体，注重人的自主性、积极性和创造性的充分发挥；意味着在改革中要把人当作尺度，以人民群众的实际利益满足与真实感受评价作为衡量工作的根本尺度；意味着要把人看作目的，不断满足人民群众的利益需要、切实维护人民的权益、努力增进人民的福祉，不断推进人的自由全面发展。

　　一　把人民作为主体　/42
　　二　把人民作为尺度　/47
　　三　把人民作为目的　/52

第四章　新时代改革的基本原则　/59

　　全面深化与攻坚阶段改革的复杂形势，决定了一切从自身实际出发，根据历史传统、经济社会现状、发展任务与国际环境，明确改革思路、出台改革举措是当前改革最为重要、最为基本的方法论原则。

　　一　持续推进思想解放　/61
　　二　坚持正确道路选择　/67
　　三　保障人民主体地位　/77
　　四　优化权力治理结构　/82
　　五　积极推进对外开放　/88
　　六　整体渐进局部突进　/93

目录

第五章 新时代改革的具体部署 /99

十八大以来,党中央对具体推进改革作出了新的部署,在八大领域形成了明确思路。即经济上贯彻新发展理念,政治上加强自主探索,文化上牢牢掌握话语权;加强生态文明建设和国防建设,注重外交顶层设计,追求外交普惠共赢;使改革发展成果惠及全体人民。

一 经济建设 /101

二 政治建设 /107

三 文化建设 /112

四 社会建设 /115

五 生态文明建设 /119

六 国防军事建设 /122

七 祖国统一大业 /126

八 外交工作 /128

第六章 新时代改革的政治保障 /133

全面从严治党由党的特质所决定,也是形势使然。新时代全面从严治党的逻辑思路是:以政治建设为统领,从转变作风入手,通过反腐败发力,用制度做保障,以领导干部为关键,以坚定理想信念宗旨为根基,以全面增强执政本领为紧要,系统谋划,固本培元,标本兼治。

一 新时代全面从严治党的必然要求 /135

二 新时代确立领导核心的重大意义 /147

三 新时代全面从严治党的战略思路 /161

第七章 新时代改革的思维方法　　/ 173

　　随着中国改革在新的历史起点上进入全面深化阶段，随着新一届中央领导集体治国理政新观点、新思路、新举措的不断提出，改革方法论成为当前理论研究的一个热点问题。改革方法论思考的着力点不完全在于方法本身，很大程度上在于对改革现实的把握与分析。

一　历史思维　　/ 176

二　辩证思维　　/ 179

三　战略思维　　/ 181

四　创新思维　　/ 183

五　系统思维　　/ 185

六　底线思维　　/ 188

七　法治思维　　/ 191

第一章　新时代改革的历史方位
DIYIZHANG

党的十八大以来，中国特色社会主义之所以能够进入新时代，根本原因就在于对难题挑战形成了有效的解决思路，取得了不凡的实践效果。这种巨大的历史性变革和成就表明中国特色社会主义的发展相比以往有了一个质的飞跃，展现出新的气象，达到了新的高度。

第一章　新时代改革的历史方位

党的十九大报告明确指出:"经过长期努力,中国特色社会主义进入了新时代,这是我国发展新的历史方位。"[①]就此而言,对于已经持续几十年的中国改革,必须要在新时代的视野中、在新的历史方位上予以审视。深刻理解中国特色社会主义进入新时代这一重大判断,深入把握新时代的多层内涵,对于今天推进改革的全面深化具有十分重要的前提性意义。为什么说中国特色社会主义进入了新时代?中国特色社会主义进入新时代的标志是什么?新时代有哪些新的问题和挑战?新时代有哪些新的成就与变化?这些问题都需要全面细致地分析研究。就此而言,对于新时代需要多维的理解视角。

一　新的时代课题

现在学界对于新时代的阐释主要侧重于新的实

---

① 《决胜全面建成小康社会　夺取新时代中国特色社会主义伟大胜利》,人民出版社2017年版,第10页。

践成就和巨大的历史性变革,实际上,**新时代首先应是指新的发展趋势、新的问题与新的挑战,因为正是在破解新的难题与挑战的过程中,我们才取得了巨大的实践成就**。对难题的破解在前,伟大的实践成就在后,不了解新时代所面临的新的问题挑战,就无法真正理解十八大以来这几年成就之辉煌,取得之艰辛,意义之重大。

十九大报告也指出,"十八大以来,国内外形势变化和我国各项事业发展都给我们提出了一个重大时代课题,这就是必须从理论和实践结合上系统回答新时代坚持和发展什么样的中国特色社会主义、怎样坚持和发展中国特色社会主义"①的问题。新时代坚持和发展什么样的中国特色社会主义是什么意思呢?之所以强调"什么样的",意即是说新时代有新的发展趋势、新的问题、新的挑战,要求改革必须要有新内容、发展必须要有新目标、谋划必须要有新思路,和

---

① 《决胜全面建成小康社会 夺取新时代中国特色社会主义伟大胜利》,人民出版社2017年版,第18页。

过去不完全一样。换言之，和过去相比，在改革的任务、目标、理念上是新的。具体而言，这种新的发展趋势、新的问题和挑战可以从以下几个方面予以分析把握。

新时代的社会主要矛盾已经有所变化，这是一种新的发展趋势。新时代的社会主要矛盾已经由过去强调的人民日益增长的物质文化需要同落后的社会生产之间的矛盾，转化为人民日益增长的美好生活需要和不平衡不充分的发展之间的矛盾。新中国成立以来包括改革开放以来的较长一段时间内，我国的生产力水平落后，人民面对的主要是一个温饱问题。现在，随着经济不断发展，人民的生活水平不断提高，温饱的问题早已解决，然而温饱需要解决之后，人民新的需要反而更多，需要领域不断拓展，同时原有的需要本身也在不断升级、要求不断提高。总而言之，人民对于美好生活的向往日益强烈。在这种情况下，**发展不平衡不充分的问题日益明显：不充分是指生产力还需要进一步的发展，不平衡是指阶层之间、区域之间、**

城乡之间、人民的各种需要的满足之间还不平衡。这种不平衡不充分的发展状况无法有效满足人民日益增长的美好生活需要，无法满足人的全面发展的需要。必须认识到，我国社会主要矛盾的变化是关系全局的历史性变化，对党和国家工作提出了许多新要求。我们要在继续推动发展的基础上，着力解决好发展不平衡不充分问题，大力提升发展质量和效益，更好满足人民在经济、政治、文化、社会、生态等方面日益增长的需要，更好推动人的全面发展、社会全面进步。

新时代的生产力有了新的发展要求。过去高投入、高消耗、高污染、低效益所谓"三高一低"的发展方式已经不可持续，经济发展方式必须要转变，中国经济要由高速增长阶段转向高质量增长阶段，要把发展基点放在创新上，实行创新驱动。没有足够的创新能力，是无法真正崛起为强国，实现民族复兴的。

新时代的分配关系面临新的压力。在过去很长一段时间，我们一直强调让一部分人先富起来，把蛋糕做大，**现在则必须要强调共同富裕，在继续把蛋糕**

大的同时把蛋糕分好，这是因为中国的贫富差距问题多年以来一直存在，到今天已经十分严重，决不能再掉以轻心，必须要高度重视。根据北京大学中国社会科学调查中心发布的《中国民生发展报告2015》显示，中国顶端1%的家庭占有全国约1/3的财产，底端25%的家庭拥有的财产总量仅在1%左右。此外，从教育机会到医疗保障，中国社会的不平等现象整体呈现扩大趋势。如果说分配问题的解决在以前还可以以时机不成熟为理由予以延迟，新时代则不能如此，这是因为再过两年时间，我们就要全面建成小康社会。全面建成小康社会的内涵不论如何理解，其基本的所指就是社会公正要尽可能地推动落实，共同富裕要尽可能地实现。习近平总书记也强调："我国经济发展的'蛋糕'不断做大，但分配不公问题比较突出……为此，我们必须坚持发展为了人民、发展依靠人民、发展成果由人民共享，作出更有效的制度安排，使全体人民朝着共同富裕方向稳步前进，绝不能出现'富

者累巨万，而贫者食糟糠'的现象。"①

新时代的生态建设有了新的发展要求。改革开放以来，中国发展成就巨大，但是发展代价也相当高，一个重要表现就是环境污染问题。传统高代价的路子已经无法走通，新时代必须要扬弃传统的"工业文明"走向新的"生态文明"，实行绿色发展，建设美丽中国。习近平总书记指出："走向生态文明新时代，建设美丽中国，是实现中华民族伟大复兴的中国梦的重要内容。"②"牢固树立保护生态环境就是保护生产力、改善生态环境就是发展生产力的理念。"③"良好生态环境是最公平的公共产品，是最普惠的民生福祉。"④

新时代的意识形态建设面临新的挑战。改革之初，思想僵化十分严重，而今天在利益明显分化与持

---

① 习近平：《在党的十八届五中全会第二次全体会议上的讲话（节选）》，《求是》2016年第1期。
② 《习近平谈治国理政》第一卷，外文出版社2018年版，第211页。
③ 《习近平谈治国理政》第一卷，外文出版社2018年版，第209页。
④ 习近平在海南调研时的讲话，2013年4月。

续开放的条件下，思想领域的分化也十分明显，在很多焦点问题上，整个舆论分歧比较大。在这种形势下，公权力如何包容多样、谋求共识，更好地实现思想引领是一个极具挑战性的难题。

新时代公共事务的解决上有新的发展趋势。过去强调政府作为单一主体的管理，政府单方面下命令、做决策。而现在民智渐开，公民的主体意识和参与意识不断高涨，在这种情况下，政府再像过去一样单方面拍板决策恐怕已经不合时宜，在许多公共事务的解决上，政府、社会组织、公民、利益的相关方需要有一个协商的过程，也即多元主体的协商共治，通过协商谋求共识，追求最大的利益公约数。

新时代的国际战略也有新的发展要求。改革开放以来较长一段时间，我们的总体外交战略是"韬光养晦"，而现在随着中国的全球利益不断增多，我们对国际事务参与的程度加大，在继续奉行"韬光养晦"战略的同时，要想有效捍卫中国不断增多的全球利益，我们也必须在某些领域要"更加有所作为"。

  以上几个方面的分析未必全面，但足以说明，相比于过去，新时代所具有的新趋势、新问题与新挑战。**这种种的新趋势、新问题、新挑战，错综复杂、非常棘手、不易应对，而要解决这些问题，新时代就必须全面深化改革，除此以外，别无出路。**正是在这个意义上，习近平总书记才反复强调新时代全面深化改革的必要性，高度宣示新时代全面深化改革的决心意志。

  党的十八大后，习近平首次赴地方考察就选择了广东这个对中国改革具有标志意义的省份。他当时表示，之所以到广东来，就是要到在我国改革开放中得风气之先的地方。2018年10月，时隔六年，在中国改革开放40周年之际，习近平总书记再次来到广东考察。总书记强调，进入新时代，国际国内形势发生广泛而深刻的变化，改革发展面临着新形势新任务新挑战，我们要抓住机遇、迎接挑战，关键在于高举新时代改革开放旗帜，继续全面深化改革、全面扩大开放。越是环境复杂，我们越是要以更坚定的信心、更有力的措施把改革开放不断推向深入。

总书记指出:"广东是改革开放的排头兵、先行地、实验区,改革开放以来党中央始终鼓励广东大胆探索、大胆实践。广东40年发展历程充分证明,改革开放是党和人民大踏步赶上时代的重要法宝,是坚持和发展中国特色社会主义的必由之路,是决定当代中国命运的关键一招,也是决定实现'两个一百年'奋斗目标、实现中华民族伟大复兴的关键一招。总结好改革开放经验和启示,不仅是对40年艰辛探索和实践的最好庆祝,而且能为新时代推进中国特色社会主义伟大事业提供强大动力。"

习近平对广东提出了四个方面的工作要求。一是深化改革开放。要把粤港澳大湾区建设作为广东改革开放的大机遇、大文章,抓紧抓实办好。要在更高水平上扩大开放,高标准建设广东自由贸易试验区,打造高水平对外开放门户枢纽。要继续推进改革,抓好改革举措的协同配套、同向共进。二是推动高质量发展。要发挥企业创新主体作用和市场导向作用,

加快建立技术创新体系，激发创新活力。要大力发展实体经济，破除无效供给，培育创新动能，降低运营成本，推动制造业加速向数字化、网络化、智能化发展。要深入抓好生态文明建设，统筹山水林田湖草系统治理，深化同香港、澳门生态环保合作，加强同邻近省份开展污染联防联治协作，补上生态欠账。要切实保障和改善民生，把就业、教育、医疗、社保、住房、家政服务等问题一个一个解决好、一件一件办好。三是提高发展平衡性和协调性。要加快推动乡村振兴，建立健全促进城乡融合发展的体制机制和政策体系，带动乡村产业、人才、文化、生态和组织振兴。要加快形成区域协调发展新格局，做优做强珠三角核心区，加快珠海、汕头两个经济特区发展，把汕头、湛江作为重要发展极，打造现代化沿海经济带。要推动物质文明和精神文明协调发展，不断提升人民文明素养和社会文明程度。要全面推进法治建设，提高社会治理智能化、科学化、精准化水平。四是加强党的领导和党的建设。要牢固树立"四个意识"，坚定"四个自信",坚决维护党中央权威和集中统一领导。要严明政治纪律和政治规矩,落实新形势下党内政治生活若干准则,涵养风清气正的政治生态。要坚持正确选人用人导向,建设忠诚干净担当的高素质专业化干部队伍。要继续推进作风建设,整治各种隐形变异"四风"问题,防范商品交换原则向党内渗透,规范政商交往行为,加快构建亲清新型政商关系。①

二 新的实践成就

对于以上所指出的新问题、新挑战,如果不能有效破解应对,那就无法进入新时代。就此而言,十八大以来,中国特色社会主义之所以能够进入新时代,根本原因就在于对以上难题挑战形成了有效的解决思路,取得了不凡的实践效果,这种巨大的成就与变革是进入新时代的前提与基础。对于十八大以来这

---

① 《高举新时代改革开放旗帜 把改革开放不断推向深入》,《光明日报》,2018年10月26日。

五年的实践成就,十九大报告从十个方面进行了分析概括。

比如,在经济领域,这五年以来,国内生产总值从54万亿元增长到80万亿元,稳居世界第二,对世界经济增长贡献率超过30%;高铁、公路、桥梁、港口、机场等基础设施建设快速推进;"一带一路"建设、京津冀协同发展、长江经济带发展成效显著。改革领域,全面发力、多点突破、纵深推进,着力增强改革系统性、整体性、协同性,压茬拓展改革广度和深度,推出1500多项改革举措,重要领域和关键环节改革取得突破性进展,主要领域改革主体框架基本确立。生活领域,深入贯彻以人民为中心的发展思想,一大批惠民举措落地实施,人民获得感显著增强。脱贫攻坚战取得决定性进展,6000多万贫困人口稳定脱贫,覆盖城乡居民的社会保障体系基本建立。外交领域,全面推进中国特色大国外交,形成全方位、多层次、立体化的外交布局,为我国发展营造了良好外部条件。实施共建"一带一路"倡议,发起创办亚洲基础设施投资银行，设立丝路基金，倡导构建人类命运共同体，促进全球治理体系变革。特别是治党领域更是成效卓著。党的十八大以来，全面加强党的领导和党的建设，坚决改变管党治党宽松软状况。**推动全党尊崇党章，增强政治意识、大局意识、核心意识、看齐意识**，坚决维护党中央权威和集中统一领导，**严明党的政治纪律和政治规矩**，层层落实管党治党政治责任。党的建设制度改革深入推进，党内法规制度体系不断完善。把纪律挺在前面，着力解决人民群众反映最强烈、对党的执政基础威胁最大的突出问题。出台中央八项规定，严厉整治形式主义、官僚主义、享乐主义和奢靡之风，坚决反对特权。巡视利剑作用彰显，实现中央和省级党委巡视全覆盖。坚持反腐败无禁区、全覆盖、零容忍，坚定不移"打虎""拍蝇""猎狐"，不敢腐的目标初步实现，不能腐的笼子越扎越牢，不想腐的堤坝正在构筑，反腐败斗争压倒性态势已经形成并巩固发展。

根据中纪委副书记杨晓渡介绍，党的十八大以来

这五年,"我们坚决铲除政治腐败和经济腐败相互交织的利益集团,严肃查处周永康、薄熙来、郭伯雄、徐才厚、孙政才、令计划等严重违纪违法案件。共立案审查省军级以上党员干部及其他中管干部440人,其中中央委员、候补中央委员有43人,中央纪委委员有9人。纪律处分厅局级干部8900余人,处分县处级干部6.3万多人"。①

综合以上,可以说,这五年来的成就是全方位的、开创性的,五年来的变革是深层次的、根本性的。五年来,我们党以巨大的政治勇气和强烈的责任担当,提出一系列新理念新思想新战略,出台一系列重大方针政策,推出一系列重大举措,推进一系列重大工作,解决了许多长期想解决而没有解决的难题,办成了许多过去想办而没有办成的大事,推动党和国家事业发生历史性变革。没有这种巨大的历史性变革和成就,中国特色社会主义就无法进入新时代。

---

① 《杨晓渡:十八大以来立案审查省军级以上党员干部及其他中管干部440人》,人民网,2017年10月19日。

三 新的开创意义

这种新的历史性变革和成就表明中国特色社会主义的发展相比以往有了一个质的飞跃。在改革开放以来长期努力的基础上,特别是经过十八大以来这五年的开拓进取,以这种巨大的历史性变革与成就为基础,中国特色社会主义进入了新时代,展现出新的气象、新的高度、新的开创意义。

对于新时代区别于以往的开创意义,十九大报告用三个"意味着"来说明。

第一个"意味着"是从中华民族角度而言。中国特色社会主义进入新时代,"意味着近代以来久经磨难的中华民族迎来了从站起来、富起来到强起来的伟大飞跃,迎来了实现中华民族伟大复兴的光明前景"。新中国成立使中华民族开始站起来,改革开放使中华民族开始富起来,进入新时代中华民族开始强起来。从党的十八大直到本世纪中叶社会主义现代化强国的建成、民族复兴目标的实现,都属于中华民族

强起来的历史时期。就此而言,强起来是一个历史阶段,是一个历史时期。既然中华民族开始强起来,强起来的标志是什么呢?就国内来讲,首先,表现为每一个领域的建设都取得进一步的长足进展;其次,表现为发展结构的进一步优化、协调、平衡,结构优化推动发展效能的有效提升;再次,强起来表现为台湾问题的最终解决,祖国的完全统一。就国际而言,强起来表现为在越来越多的领域我们能够和西方强国相竞争、抗衡,乃至引领、反超。客观讲,现在我们在很多方面往往是总量压倒西方,但西方国家在很多领域还掌握话语权、规则制定权与标准制定权,我们尚处于劣势。强起来也就意味着在今后一个时期,在与西方列强的竞争中,我们要在越来越多的领域与方面掌握话语权,占据优势、形成胜势。

第二个"意味着"是从社会主义角度而言。中国特色社会主义进入新时代,"意味着科学社会主义在二十一世纪的中国焕发出强大生机活力,在世界上高高举起了中国特色社会主义伟大旗帜"。科学社会主义自传入中国以来，与中国具体实际相结合。回顾这一结合的过程，有经验、有教训，迄至今天，这一结合取得了巨大成功，中国特色社会主义成就辉煌。而今天中国社会主义的发展证明了社会主义的优越性与历史必然性，引领推动着整个世界社会主义运动的复兴。之所以如此，是因为20世纪80年代末90年代初，东欧剧变、苏联解体，整个世界社会主义运动陷入低潮，当时很多人犹豫、观望、徘徊、失望甚至绝望。然而，信心是绝不能丢的，新时代中国社会主义的发展作为标杆、作为旗帜，引领推动整个世界社会主义运动达到一个新的高度，对整个世界社会主义运动意义非凡。

第三个"意味着"是从现代化角度而言。中国特色社会主义进入新时代，意味着中国特色社会主义道路、理论、制度、文化不断发展，拓展了发展中国家走向现代化的途径，给世界上那些既希望加快发展又希望保持自身独立性的国家和民族提供了全新选择，为解决

人类问题贡献了中国智慧和中国方案。①现代化是世界潮流,浩浩荡荡,在现代化的历史进程中,很多国家采取的是西方现代化的制度模式,但是我们看到,对于西方现代化的模式这种移植与搬用负面效果极为明显。**很多发展中国家像西方国家宣扬的,经济上完全放开市场化和自由化,导致国内很多的工业领域被外资所控制和主导,政治上实行多党制、放开大选,导致国内政局动荡、政权更迭、社会混乱。**当前,西方国家本身也是问题多多。这都说明西方现代化的制度模式有其巨大的问题与挑战。与之相对,新时代中国社会主义的发展则提供了一条不同于西方的现代化的路径选择,即现代化的中国道路。中国道路的核心要义就是在党的领导下,把社会主义与市场经济相结合,独立自主和对外开放相结合,改革、发展、稳定相结合,注重探索创新、注重吸纳先进、注重策略方法,等等。这条道路不同于西方,但非常成功,其他国家可以学习、借鉴、吸收,具有重

---

① 《决胜全面建成小康社会　夺取新时代中国特色社会主义伟大胜利》,人民出版社2017年版,第10页。

要的世界意义。

这三个"意味着"分别从中华民族、从社会主义、从现代化这三个角度说明新时代具有区别于以往的新的高度、新的境界、新的开创意义。正如十九大报告强调的："中国特色社会主义进入新时代，在中华人民共和国发展史上、中华民族发展史上具有重大意义，在世界社会主义发展史上、人类社会发展史上也具有重大意义。"[1] "这个新时代，是承前启后、继往开来、在新的历史条件下继续夺取中国特色社会主义伟大胜利的时代，是决胜全面建成小康社会、进而全面建设社会主义现代化强国的时代，是全国各族人民团结奋斗、不断创造美好生活、逐步实现全体人民共同富裕的时代，是全体中华儿女勠力同心、奋力实现中华民族伟大复兴中国梦的时代，是我国日益走近世界舞台中央、不断为人类作出更大贡献的时代。"[2]

---

[1] 《决胜全面建成小康社会 夺取新时代中国特色社会主义伟大胜利》，人民出版社2017年版，第12页。

[2] 《决胜全面建成小康社会 夺取新时代中国特色社会主义伟大胜利》，人民出版社2017年版，第10—11页。

第二章 新时代改革的历史使命
DIERZHANG

在新时代，要实现伟大梦想，就必须进行许多具有新的历史特点的伟大斗争，必须毫不动摇推进党的建设新的伟大工程。"四个伟大"就是要解决新时代"举什么旗、走什么路、以什么样的精神状态、依靠什么样的领导力量、担负什么样的历史使命、实现什么样的奋斗目标"的问题。

在新的历史起点上，面对新趋势、新挑战、新问题，我们要实现什么样的历史使命呢？新时代的历史使命就是中华民族的伟大复兴。十八大以来，习近平总书记一直强调民族复兴的中国梦。党的十九大报告也指出，实现中华民族伟大复兴是近代以来中华民族最伟大的梦想。中国共产党一经成立，就义无反顾肩负起实现中华民族伟大复兴的历史使命。

一 民族复兴的历史进程

回顾近代以来这一百多年的民族独立与复兴之路，可谓"路漫漫其修远兮"，中华民族上下而求索。对于中华民族伟大复兴的探索历程，2012年11月29日在参观完国家博物馆《复兴之路》展览后，习近平总书记用"雄关漫道真如铁""人间正道是沧桑""长风破浪会有时"三句话，概括了中华民族的昨天、今天和明天，阐述了中国梦的深刻内涵，表达了走中国特色社会主义道路的坚强决心和实现中华民

族伟大复兴的坚定信心。

1840年鸦片战争以后,中国开始沦为半殖民地半封建社会,为了挽救民族危亡、实现民族独立,国内的各个阶级都进行了持续的探索:封建的洋务派搞"洋务运动",资产阶级维新派搞"戊戌变法",资产阶级革命派搞"辛亥革命",但都没有最终成功。这一任务是中国共产党1921年成立之后,领导全国人民经过了28年的革命战争,一直到1949年成立新中国才得以完成的。回顾这28年的革命征程,可谓栉风沐雨、砥砺前行,艰巨卓绝、牺牲很大。民族独立的任务完成以后,下一步本来应该是经济的现代化与民族的发展复兴,但是新中国成立以后很长一段时间也没有摆脱苏联模式,依然是把纯粹的公有制和计划经济这种制度结构视为社会主义的本质,在实践中则是"大跃进""人民公社"乃至"文革大革命"这样的持续运动,教训惨痛。这说明民族独立的探索固然艰辛,民族复兴与现代化的探索也是充满坎坷,要找到一条适合自己国情的现代化道路、民族复兴道路并非易事。

在这种情况下,1978年党的十一届三中全会拨乱反正,邓小平果断停止了"以阶级斗争为纲"的错误路线,把全党的工作重心转移到经济建设上来,作出了改革开放的伟大决策,开辟了具有中国特色的社会主义道路。对内改革,对外开放,赋权于民,致力于调动社会成员的积极性与首创精神,致力于大力解放和发展生产力、提高人民生活水平,致力于实现社会主义现代化,这样一条实现伟大转折的探索性、创新性道路就是区别于苏联模式的具有中国特色的社会主义道路。正如邓小平指出的:"如果说构想,这就是我们的构想。我们还要积累新经验,还会遇到新问题,然后提出新办法。总的来说,这条道路叫做建设有中国特色的社会主义的道路。我们相信,这条道路是可行的,是走对了。"[①] "不改革就没有出路,旧的那一套经过几十年的实践证明是不成功的。过去我们搬用别国的模式,结果阻碍了生产力的发展,在思

---

① 《邓小平文选》第三卷,人民出版社1993年版,第65—66页。

想上导致僵化,妨碍人民和基层积极性的发挥。……中国社会从一九五八年到一九七八年二十年时间,实际上处于停滞和徘徊的状态,国家的经济和人民的生活没有得到多大的发展和提高。这种情况不改革行吗?"①"我们现在的路子走对了,人民高兴,我们也有信心。我们的政策是不会变的。要变的话,只会变得更好。……路子不会越走越窄,只会越走越宽。路子走窄的苦头,我们是吃得太多了。如果我们走回头路,会回到哪里?只能回到落后、贫困的状态。"②"现在要做的事情很多,但是我们的路子走对了,路子走对了就有希望。"③"中国不走这条路,就没有别的路可走。只有这条路才是通往富裕和繁荣之路。"④经过四十年的不懈探索以及全国各族人民的共同努力,中国特色社会主义道路创造

---

① 《邓小平文选》第三卷,人民出版社1993年版,第237页。
② 《邓小平文选》第三卷,人民出版社1993年版,第29页。
③ 《邓小平思想年编》(一九七五—一九九七),中央文献出版社2011年版,第443页。
④ 《邓小平思想年编》(一九七五—一九九七),中央文献出版社2011年版,第149—150页。

出了举世瞩目的辉煌成就。我们的发展成就证明，我们这条经过艰辛探索才开辟的道路确确实实是"人间正道"。

2018年是改革开放四十周年，四十年的改革开放真正改变了中国、发展了中国。正如十九大报告指出的："今天，我们比历史上任何时期都更接近、更有信心和能力实现中华民族伟大复兴的目标。"① 确实，尽管民族复兴是我们党一贯追求的任务使命，但在过去追求民族独立的时代还谈不上真正民族复兴的问题，改革开放初期在经济比较落后的情况下实现民族复兴也缺乏足够的基础与能力，而直到新时代，经过这么多年的建设发展，我们才真正有了相应的基础、条件与能力。就此而言，这样一个使命是新的，新时代、新征程、新使命。如果这一伟大复兴的梦想能够实现，其意义非凡：对内意味着我国各领域建设取得重大进展，中国现代化实现质的跃迁，成为现代

---

① 《决胜全面建成小康社会　夺取新时代中国特色社会主义伟大胜利》，人民出版社2017年版，第15页。

化的强国；对外则意味着中国国际地位进一步提升，真正走进世界舞台的中心，重回民族鼎盛之巅。坚定不移地沿着我们这个道路走下去，我们的历史使命、宏伟蓝图、发展目标就一定能够实现。

二 民族复兴与"四个伟大"

当然，也必须要认识到，尽管现在比过去具有了更好的条件与基础，但在新时代要实现民族复兴的伟大梦想并非易事。新时代的改革发展仍然面临着巨大的挑战，诸多问题盘根错节、不好解决。正是在这个意义上，十九大报告才强调"行百里者半九十"。中华民族伟大复兴，绝不是轻轻松松、敲锣打鼓就能实现的。全党必须准备付出更为艰巨、更为艰苦的努力。

习近平总书记强调，实现伟大梦想，必须进行伟大斗争。社会是在矛盾运动中前进的，有矛盾就会有斗争。我们党要团结带领人民有效应对重大挑战、抵御重大风险、克服重大阻力、解决重大矛盾，必须进行具有许多新的历史特点的伟大斗争，任何贪图享受、消极懈怠、回避矛盾的思想和行为都是错误的。全党要更加自觉地坚持党的领导和我国社会主义制度，坚决反对一切削弱、歪曲、否定党的领导和我国社会主义制度的言行；更加自觉地维护人民利益，坚决反对一切损害人民利益、脱离群众的行为；更加自觉地投身改革创新时代潮流，坚决破除一切顽瘴痼疾；更加自觉地维护我国主权、安全、发展利益，坚决反对一切分裂祖国、破坏民族团结和社会和谐稳定的行为；更加自觉地防范各种风险，坚决战胜一切在政治、经济、文化、社会等领域和自然界出现的困难和挑战。全党要充分认识这场伟大斗争的长期性、复杂性、艰巨性，发扬斗争精神，提高斗争本领，不断夺取伟大斗争新胜利。

由此可见，伟大斗争一方面强调的是对于各种棘手的问题和挑战必须要有能力解决好、应对好，另一方面强调的是一种精神状态，即面对现状与形势，要

具有斗争精神,心态上不能懈怠、不能马虎、不能大意,不能掉以轻心、不能骄傲自满,而应时刻保持饱满的精神和昂扬的斗志。

实现伟大梦想,必须建设伟大工程。这个伟大工程就是我们党正在深入推进的党的建设新的伟大工程。历史已经并将继续证明,没有中国共产党的领导,民族复兴必然是空想。我们党要始终成为时代先锋、民族脊梁,始终成为马克思主义执政党,自身必须始终过硬。全党要更加自觉地坚定党性原则,勇于直面问题,敢于刮骨疗毒,消除一切损害党的先进性和纯洁性的因素,清除一切侵蚀党的健康肌体的病毒,不断增强党的政治领导力、思想引领力、群众组织力、社会号召力,确保我们党永葆旺盛生命力和强大战斗力。

自我革新、自我净化、自我完善、自我提高的伟大工程,强调的是作为政治保证的党领导自身的建设问题。

实现伟大梦想,必须推进伟大事业。中国特色社会主义是改革开放以来党的全部理论和实践的主题，是党和人民历尽千辛万苦、付出巨大代价取得的根本成就。中国特色社会主义道路是实现社会主义现代化、创造人民美好生活的必由之路，中国特色社会主义理论体系是指导党和人民实现中华民族伟大复兴的正确理论，中国特色社会主义制度是当代中国发展进步的根本制度保障，中国特色社会主义文化是激励全党全国各族人民奋勇前进的强大精神力量。全党要更加自觉地增强道路自信、理论自信、制度自信、文化自信，既不走封闭僵化的老路，也不走改旗易帜的邪路，保持政治定力，坚持实干兴邦，始终坚持和发展中国特色社会主义。

伟大事业强调的是我们的方向与道路必须要正确，原则与方向不能出现问题。

实现伟大梦想，进行伟大斗争，建设伟大工程，推进伟大事业，"四个伟大"就是要解决新时代"举什么旗、走什么路、以什么样的精神状态、依靠什么样的领导力量、担负什么样的历史使命、实现什么样

的奋斗目标"的问题。这"四个伟大"紧密联系、相互贯通、相互作用,其中起决定性作用的是党的建设新的伟大工程。推进伟大工程,要结合伟大斗争、伟大事业、伟大梦想的实践来进行,确保党在世界形势深刻变化的历史进程中始终走在时代前列,在应对国内外各种风险和考验的历史进程中始终成为全国人民的主心骨,在坚持和发展中国特色社会主义的历史进程中始终成为坚强领导核心。

三 民族复兴的战略安排

以习近平新时代中国特色社会主义思想为指导,在全力实践"四个伟大"的过程中,我们通过什么样的战略安排实现民族复兴的伟大使命呢?对此,党的十九大报告做出了"两步走"的新的战略谋划,即2020年全面小康实现以后,再分两个阶段到本世纪中叶实现既定的目标任务。

"综合分析国际国内形势和我国发展条件,从二

○二○年到本世纪中叶可以分两个阶段来安排。第一个阶段，从二○二○年到二○三五年，在全面建成小康社会的基础上，再奋斗十五年，基本实现社会主义现代化。……第二个阶段，从二○三五年到本世纪中叶，在基本实现现代化的基础上，再奋斗十五年，把我国建成富强民主文明和谐美丽的社会主义现代化强国。……同志们！从全面建成小康社会到基本实现现代化，再到全面建成社会主义现代化强国，是新时代中国特色社会主义发展的战略安排。"①

  这个战略安排的内容本身非常清楚，我们可以从以下三个方面来深化理解。其一，这样一个"两步走"的战略安排是"三步走"战略规划的具体版或具体化。在改革之初，邓小平与党中央提出过"老三步走"的发展战略：第一步，1990年国民生产总值比1980年翻一番，实现温饱；第二步，到2000年再翻一番，达到小康；第三步，到21世纪中叶，人均国民生

---

① 《决胜全面建成小康社会　夺取新时代中国特色社会主义伟大胜利》，人民出版社2017年版，第28—29页。

产总值达到中等发达国家水平,现代化基本实现。20世纪90年代中后期,在总体小康实现以后,江泽民与党中央又提出了"新三步走"的发展战略:第一步,2010年国民生产总值比2000年翻一番,人民的小康生活更加宽裕;第二步,2020年国内生产总值再翻一番;第三步,到本世纪中叶,基本实现现代化,建成富强民主文明的社会主义国家。但是我们看到,不论是"老三步走",还是"新三步走",对于2020年以后第三步具体如何走都没有细化,因为当时为时尚早,尚无必要。而进入新时代以来则情况不同了,距离2020年的时间节点越来越近,2020年以后第三步如何走就需要细化了,所以十九大报告做出了"两步走"的新的战略安排。

其二,"两步走"的战略安排不仅是"三步走"战略规划的具体版,同时还是一个目标任务的升级版。按照原先"三步走"的战略规划,我们的发展目标是在本世纪中叶基本实现现代化,而现在则提出要在2035年就要基本实现现代化,本世纪中叶则有了新的目标,那就是要建成现代化的强国,实现中华民族的伟大复兴。相比于"三步走"的战略规划,"两步走"这两个阶段,一个阶段是目标提前,一个阶段是任务加重,是目标任务的一个升级版。十九大之所以做出这种目标任务升级的战略安排,一是由于我们几十年的发展成就巨大,实现宏伟的目标任务有了坚实的基础和条件;二是因为中国发展长期向好的趋势不会改变,我们有此信心。有基础、有信心,遂敢于承担更大压力,将目标任务升级。

其三,这种分阶段、分步骤的改革方法是我们党改革开放以来一贯所坚持的,"老三步走""新三步走"到现在的"两步走"都是如此。分阶段、分步骤、稳扎稳打,不贪功、不冒进、不急躁,行稳方能致远!

第三章 新时代改革的价值遵循
DISANZHANG

以人民为中心是新时代改革的价值遵循。以人民为中心意味着在改革中要把人当作主体，注重人的自主性、积极性和创造性的充分发挥；意味着在改革中要把人当作尺度，以人民群众的实际利益满足与真实感受评价作为衡量工作的根本尺度；意味着要把人看作目的，不断满足人民群众的利益需要、切实维护人民的权益、努力增进人民的福祉，不断推进人的自由全面发展。

第三章　新时代改革的价值遵循

以什么为中心推进或实现发展，涉及的是改革的目的与发展的本质的问题，体现的是对待改革发展的根本立场与根本态度，决定着治国理政的方式方向与思路战略。以人民为中心是新时代改革的价值遵循。

2015年10月12日，中共中央政治局会议明确提出了以人民为中心的发展思想。会议提出："人民是推动发展的根本力量，必须坚持以人民为中心的发展思想，把增进人民福祉、促进人的全面发展作为发展的出发点和落脚点，发展人民民主，维护社会公平正义，保障人民平等参与、平等发展权利，充分调动人民积极性、主动性、创造性。要以经济建设为中心，坚持科学发展，加快转变经济发展方式，全面深化改革，全面依法治国，加快完善各方面体制机制，更好利用两个市场、两种资源，为我国发展不断提供强大动力和有效保障。"党的十八届五中全会审议通过的《中共中央关于制定国民经济和社会发展第十三个五年规划的建议》首次把这一表述写进党的正式文件，把"坚持人民主体地位"列为推动经济社会持续健康

发展必须遵循的首要原则。习近平总书记在中央政治局第二十八次集体学习时,也强调要坚持以人民为中心的发展思想。

一 把人民作为主体

以人民为中心,意味着在改革中要把人当作主体,依靠人,亦即承认人民群众是历史的创造者和历史发展的动力,注重人的自主性、积极性和创造性的充分发挥,以及人的能力的不断提升。

按照马克思主义的基本原理,人类社会生活的一切领域和社会历史过程都是由人类的实践活动尤其是物质生产实践创造的,没有物质生产实践活动,就没有社会的一切,也就没有人类的历史,而人民群众是实践活动的主体,因此,人民群众是创造社会历史的决定力量。马克思依据唯物史观的实践观点,明确指出:"历史上的活动和思想都是'群众'的思想和活动。"①"历史活动是群众的事业,随着历史活动的深入,必将是群众队伍的扩大。"②列宁把"历史活动是群众的事业"的论点,称之为"历史哲学理论的最深刻最重要的原理之一",强调"生气勃勃的创造性的社会主义是由人民群众自己创立的"。毛泽东也反复强调:"人民,只有人民,才是创造世界历史的动力。"③

以人民为中心推进改革的思想体现在习近平总书记十八大以来的一系列重要论述之中。"改革开放在认识和实践上的每一次突破和发展,改革开放中每一个新生事物的产生和发展,改革开放每一个方面经验的创造和积累,无不来自亿万人民的实践和智慧。"④"坚持人民主体地位,充分调动人民积极性,始终是我们党立于不败之地的强大根基。在人

---

① 《马克思恩格斯全集》第二卷,人民出版社1957年版,第103—104页。
② 《马克思恩格斯全集》第二卷,人民出版社1957年版,第104页。
③ 《毛泽东选集》第三卷,人民出版社1991年版,第1031页。
④ 《习近平谈治国理政》第一卷,外文出版社2018年版,第68页。

民面前,我们永远是小学生,必须自觉拜人民为师,向能者求教,向智者问策;必须充分尊重人民所表达的意愿、所创造的经验、所拥有的权利、所发挥的作用。"①"我们要实现党的十八大确定的奋斗目标和中国梦,必须紧紧依靠人民,充分调动最广大人民的积极性、主动性、创造性。"②"只要我们紧密团结,万众一心,为实现共同梦想而奋斗,实现梦想的力量就无比强大,我们每个人为实现自己梦想的努力就拥有广阔的空间。……全国各族人民一定要牢记使命,心往一处想,劲往一处使,用十三亿人的智慧和力量汇集起不可战胜的磅礴力量。"③

牢固树立依靠人民群众发展的思想对于新时代的中国改革而言具有尤为重要的现实指导意义。今天中国经济社会发展正处于动力转换的关键时刻,传

---

① 《习近平谈治国理政》第一卷,外文出版社2018年版,第27页。
② 《习近平谈治国理政》第一卷,外文出版社2018年版,第367页。
③ 《习近平关于实现中华民族伟大复兴的中国梦论述摘编》,中央文献出版社2013年版,第48页。

统要素驱动、投资规模驱动的粗放式发展方式已不可持续，实施依赖于人的创新驱动战略成为必然趋势。所谓创新驱动，其实质就是尊重劳动、尊重知识、尊重人才、尊重创造，注重依靠人、解放人与开发人，充分释放人的创新激情、活力与能力。只有如此，科技的进步才有可能，大众创业、万众创新才能成为现实。这种经济发展之支撑力量的转换是市场经济发展的内在要求。

特别是随着市场经济推进到知识经济时代，人力资源特别是人才资源日益成为经济社会发展的第一资源，个人能力的充分发展将成为最大的生产力。正如有论者指出的："21世纪是知识经济时代，是知识社会。这样的社会本质上要求确立能力本位的价值观。……知识经济时代是真正以人为本的时代，进一步说，它是以人的知识和能力为本的时代。因为无形的知识、智能和用知识、智慧武装起来的持久创新能力将成为知识经济的灵魂；对知识的生产以及学习和使用（消费），即把知识转化为技能，靠的是人的创

新能力,这种能力使知识得以运用和发挥作用,同时知识又使能力得到进一步引申。"①

习近平总书记强调:"'功以才成,业由才广。'党和人民事业要不断发展,就要把各方面人才更好使用起来,聚天下英才而用之。我们要以识才的慧眼、爱才的诚意、用才的胆识、容才的雅量、聚才的良方,广开进贤之路,把党内和党外、国内和国外等各方面优秀人才吸引过来、凝聚起来,努力形成人人渴望成才、人人努力成才、人人皆可成才、人人尽展其才的良好局面。"②在此意义上,中国经济体制改革与经济转型的深入推进,要求各级管理者和领导干部必须注重提高社会成员的素质与能力,确立依靠人民群众发展的思想,充分激发潜藏于13亿民众之中的磅礴智慧和无穷力量,充分发挥人才对改革发展的支撑作用,切实解决发展的活力问题。

---

① 韩庆祥:《能力本位》,中国发展出版社1999年版,第59页。
② 《习近平谈治国理政》第二卷,外文出版社2017年版,第41页。

二　把人民作为尺度

以人民为中心推进改革意味着要把人当作尺度，尊重人，亦即从现实的人出发，了解民情民意，以人民群众的实际利益满足与真实感受评价作为衡量工作的根本尺度。

群众具有鲜活的生活体验，他们的权利主张与利益需要往往最能反映社会发展的客观趋势与内在要求，就此而言，要真正做到以人民为中心，各级领导干部就必须切实从现实的人出发，深入把握人民群众的实际利益需要与价值诉求。实际上，这正是马克思主义所要求的思维方式与工作方法。在《德意志意识形态（节选）》中，马克思、恩格斯明确指出，马克思主义的考察方法"不是没有前提的。它从现实的前提出发，它一刻也不离开这种前提。它的前提是人，但不是处于某种虚幻的离群索居和固定不变状态中的人，而是处在现实的、可以通过经验观察到的、在一

定条件下进行的发展过程中的人"①,即从事实际活动的人。

现实的人总是处于一定历史发展阶段,具有一定愿望与需要,处于特定分工与阶层、群体关系中的,所以,从现实的人出发,也就意味着要深入了解现实社会的生产发展、分工状况,了解社会公众的现实需求与愿望,了解与生产发展相对应的各个阶层、群体的性质、特点、力量状况,了解整个社会结构状况。只有如此,才能在实际中有效地制定政策,有所为有所不为,我们的思想才不会僵化。而要做到以上诸方面,**领导干部必须进行深入的调查研究,这是从现实的人出发,以人民为中心的必然要求**。习近平在十八大前后的多次讲话中,都对调查研究的问题做过高度强调与精辟论述。汇集习近平同志在浙江工作期间重要论述的《干在实处 走在前列:推进浙江新发展的思考与实践》一书就多次阐述了调查研究的问题。

---

① 《马克思恩格斯选集》第一卷,人民出版社1995年版,第73页。

"通过深入基层、深入实际、深入群众,我们可以了解群众在想什么、盼什么、最需要我们党委、政府干什么。从而,使我们的各项决策和工作部署,集中民智,体现民意,反映民情,做实一件事,赢得万人心,真正做到情为民所系,利为民所谋,权为民所用。"①

2011年11月16日在中央党校秋季学期第二批入学学员开学典礼上的讲话中,习近平同志明确指出:"经常走出领导机关,深入实际、深入基层、深入群众,进行各种形式和类型的调查研究,非常有益于促进领导干部正确认识客观世界、改造主观世界、转变工作作风、增进同人民群众的感情,有益于深切了解群众的需求、愿望和创造精神、实践经验。"②"搞好调查研究,一定要从群众中来、到群众中去,广

---

① 习近平:《干在实处 走在前列:推进浙江新发展的思考与实践》,中共中央党校出版社2013年版,第534页。

② 《习近平总书记系列讲话精神学习问答》,中共中央党校出版社2013年版,第174页。

泛听取群众意见。人民群众的社会实践，是获得正确认识的源泉，也是检验和深化我们认识的根本所在。"①十八大以后，习近平总书记更是身体力行，率先垂范，赴全国各地开展深入调研。

以人民为中心，把人当作尺度，不仅要求领导干部要深入实践，调查研究，同时也要求领导干部在改革中摆正自己的位置，善于从群众的评判中知得失，把人民的评价作为检验自己工作的"晴雨表"，把群众认可与否及其程度作为评判自己工作的标准，努力赢得百姓的"口碑"，从而实现"群众满意"与"领导放心"的有机统一。早在改革开放之初，邓小平就提出了判断改革的生产力标准。1992年，邓小平在南方谈话中又提出了判断改革开放中一切工作得失成败的著名的"三个有利于"标准，即"是否有利于发展社会主义社会的生产力，是否有利于增强社会主义国家的综合国力，是否有利于提高人民的生活

---

① 《习近平总书记系列讲话精神学习问答》，中共中央党校出版社2013年版，第175页。

水平"①。

在2016年2月23日召开的中央全面深化改革领导小组第二十一次会议上，习近平总书记明确提出，要"把是否促进经济社会发展、是否给人民群众带来实实在在的获得感，作为改革成效的评价标准"。在2016年12月召开的中央全面深化改革领导小组第三十次会议上，总书记进一步指出，要总结经验、完善思路、突出重点、提高改革整体效能，扩大改革受益面，发挥好改革先导性作用，多推有利于增添经济发展动力的改革，多推有利于促进社会公平正义的改革，多推有利于增强人民群众获得感的改革，多推有利于调动广大干部群众积极性的改革。

习近平的"两个是否"与"四个有利于"与邓小平的"三个有利于"既一脉相承，又与时俱进，既指明了新起点新阶段上改革的方向，又提供了新起点新阶段上更为完善的改革评价标准。特别是获得感作为

---

① 《邓小平文选》第三卷，人民出版社1993年版，第372页。

一个评判标准的提出尤其具有针对性。获得感是相对于不公平感与相对于剥夺感而言的。这一新标准的提出超越了以往主要从经济方面评判改革成效的思维，体现了发展与公平的内在统一，突出了评判改革的大众心理维度。确实，尽管改革的评价标准众多，但所有方面的改革绩效最终必须落实到民众的实际权益满足与真实感受上才是合理的。

三　把人民作为目的

以人民为中心推进改革意味着要把人看作目的，为了人，亦即在工作的出发点和落脚点上要不断满足人民群众的利益需要、切实维护人民的权益、努力增进人民的福祉，不断推进人的自由全面发展。

马克思主义创始人在《共产党宣言》中明确指出，共产党人没有任何同整个无产阶级的利益不同的利益。他们不提出任何特殊的原则，用以塑造无产阶级的运动。换言之，共产党人没有自己的私利，其所追求的是在社会发展基础之上工人阶级和广大劳动人民的解放、每个人的自由全面发展。在《共产党宣言》中，马克思恩格斯在阐述共产党人所追求的未来理想社会时明确指出："代替那存在着阶级和阶级对立的资产阶级旧社会的，将是这样一个联合体，在那里，每个人的自由发展是一切人的自由发展的条件。"①也就是说，在一种理想的社会形态中，人们在发展上是互为条件、相互促进，人与人的关系、群体与群体的关系是高度和谐、利益共享的。在《资本论》第一卷第二十二章，马克思把共产主义称为"一个更高级的、以每个人的全面而自由的发展为基本原则的社会形式"②。全面发展的内容包括人的自我意志获得自由实现，人的各种需要、能力素质、个性获得最充分的发展，人的社会关系获得高度丰富与优化等。**社会关系的和谐使每个人获得更充分的全面发展，而全面发展的个人又成为推动社会和谐进步**

---

① 《马克思恩格斯选集》第一卷，人民出版社1995年版，第294页。
② 《马克思恩格斯选集》第二卷，人民出版社1995年版，第239页。

的动力。在《德意志意识形态（节选）》中，马克思恩格斯还对未来理想社会中人的生活进行了诗意的描绘："在共产主义社会里，任何人都没有特殊的活动范围，而是都可以在任何部门内发展，社会调节着整个生产，因而使我有可能随自己的兴趣今天干这事，明天干那事，上午打猎，下午捕鱼，傍晚从事畜牧，晚饭后从事批判，这样就不会使我老是一个猎人、渔夫、牧人或批判者。"①利益的一致与共享、社会关系的高度和谐、人的全面发展、普遍幸福的生活，这就是理想社会的状态使然，也是马克思主义的根本价值追求。对于共产党人的这一立场宗旨与价值追求，毛泽东用中国化的语言形象地将之称为"为什么人"的问题，即"为什么人的问题，是一个根本的问题，原则的问题"。②毛泽东还在《坚持艰苦奋斗，密切联系群众》中说："共产党就是要奋斗，就是要全心全意为人民服务，不要半心半意或者三分之二的心三分

---

① 《马克思恩格斯选集》第一卷，人民出版社1995年版，第85页。
② 《毛泽东选集》第三卷，人民出版社1991年版，第857页。

之二的意为人民服务。"

"全心全意为人民服务"作为对马克思主义立场追求的简明概括，是中国共产党人矢志不渝的价值理念。在全面深化改革的新的历史起点上，习近平总书记结合新的改革形势对之作出了体现时代要求的创新性诠释。早在2013年3月第十二届全国人民代表大会第一次会议上的讲话中，总书记就强调："我们要随时随刻倾听人民呼声、回应人民期待，保证人民平等参与、平等发展权利，维护社会公平正义，在学有所教、劳有所得、病有所医、老有所养、住有所居上持续取得新进展，不断实现好、维护好、发展好最广大人民根本利益，使发展成果更多更公平惠及全体人民，在经济社会不断发展的基础上，朝着共同富裕方向稳步前进。"[①]2013年6月，在党的群众路线教育实践活动工作会议上的讲话中，总书记再次强调："我们党来自人民、植根人民、服务人民，党的根基在人

---

① 《习近平谈治国理政》第一卷，外文出版社2018年版，第41页。

民、血脉在人民、力量在人民。失去了人民拥护和支持,党的事业和工作就无从谈起。党要继续经受住执政考验、改革开放考验、市场经济考验、外部环境考验,就必须始终密切联系群众。在任何时候任何情况下,与人民同呼吸共命运的立场不能变,全心全意为人民服务的宗旨不能忘,群众是真正英雄的历史唯物主义观点不能丢,始终坚持立党为公、执政为民。"①

2018年10月习近平总书记在广东考察时,对民生问题十分关心,强调要切实保障和改善民生,把就业、教育、医疗、社保、住房、家政服务等问题一个一个解决好、一件一件办好。在新时代,人民群众各方面的正当利益需求是以公民权利的形式予以体现的,必须要通过法治予以保障。所以,总书记强调要全面推进依法治国,只有依法治国,才能有效保障公民权利。"我们要依法保障全体公民享有广泛的权利,保障公民的人身权、财产权、基本政治权利

---

① 《习近平谈治国理政》第一卷,外文出版社2018年版,第367页。

等各项权利不受侵犯,保证公民的经济、文化、社会等各方面权利得到落实,努力维护最广大人民根本利益,保障人民群众对美好生活的向往和追求。"[1]相应地,各级领导机关与领导干部则必须树立法治思维与公民权利思维,学会用法治方式推进改革,促进发展,保障人民权益。

新时代的改革关键期,必须要深刻理解、牢固树立并有效践行以人民为中心的发展思想。正如习近平总书记在省部级主要领导干部学习贯彻党的十八届五中全会精神专题研讨班开班式上的重要讲话中强调指出的:"以人民为中心的发展思想,不是一个抽象的、玄奥的概念,不能只停留在口头上、止步于思想环节,而要体现在经济社会发展各个环节。""我国正处于并将长期处于社会主义初级阶段,我们不能做超越阶段的事情……要根据现有条件把能做的事情尽量做起来,积小胜为大胜,不断朝着全体人民共同富裕的目标前进。"

---

[1] 《习近平谈治国理政》第一卷,外文出版社2018年版,第141页。

第四章 新时代改革的基本原则

全面深化与攻坚阶段改革的复杂形势,决定了一切从自身实际出发,根据历史传统、经济社会现状、发展任务与国际环境,明确改革思路、出台改革举措是当前改革最为重要、最为基本的方法论原则。

第四章 新时代改革的基本原则

40年的中国改革之所以成就巨大不是偶然的，很重要一个原因是坚持了正确的改革原则。对于改革原则，可以从不同角度予以总结，在此重点强调以下几点。

一 持续推进思想解放

在改革推进的这40年中有两重阻碍性因素：一重阻碍性因素是现实的利益因素，再一重阻碍性因素就是思想因素，即"左"的或右的观念，特别是传统苏联模式的社会主义观。针对传统社会主义观，改革开放以来，我们党强调要不断解放思想，实事求是，与时俱进，求真务实。**审视中国整个改革进程，从打破"两个凡是"，到打破姓"社"姓"资"、姓"公"姓"私"的教条束缚，都涉及一个思想解放与理论创新的问题。**可以说，正是通过持续的思想解放，中国特色社会主义才得以开创并不断发展，以之为指导的中国改革大业才得以不断推进。

　　解放思想是针对传统社会主义模式的。传统社会主义模式的根本问题是什么呢？站在今天的高度进行反思，其根本问题就是形而上学地理解马克思主义与社会主义，主要以马克思主义经典作家的书本为出发点，而不是从客观实际条件出发进行社会主义建设，理解往往存在很大偏差，教条化严重。这种教条化、形而上学的理解方式实际上违背了马克思主义唯物论特别是条件论的基本观点。唯物论要求我们一切从客观实际出发，条件论则表明任何事物都是处于特定的具体的时空条件之中，都是有条件而不是无条件的，我们不能脱离具体的时空条件来分析事物。

　　传统社会主义观对唯物论特别是条件论的违背主要表现在两个方面。一方面，教条主义对待经典作家的论述，没有以时间、地点、条件为转移来运用原理；另一方面，忽视基本观点的支持条件从而造成认识上的偏差。在马克思主义的理论逻辑中，许多基本观点需要一定的支持条件或前提条件才能够成立。如果看不到支持条件，就会犯超越条件的错误。传统社会主义理解上恰恰存在这个问题。**理解的偏差造成了建设的失误，认识的教条化带来了惨痛的教训。现实的失误与教训警示我们搞建设必须以现实为出发点，必须重新理解与科学对待马克思主义。**而解放思想的理论精髓实际上正体现了马克思主义面向现实的内在要求和与时俱进的理论品格。

在对马克思主义重新理解的基础上，依据解放思想的理论精髓，改革开放以来我们党深刻批判传统的教条主义思维，努力打破束缚人们的传统观念。邓小平强调指出："一个党，一个国家，一个民族，如果一切从本本出发，思想僵化，迷信盛行，那它就不能前进，它的生机就停止了，就要亡党亡国。"[①]

这句话非常具有预见性。苏联亡党亡国，一个非常重要的原因就是教条化严重以致最终窒息了整个社会的活力。在此认识基础上，邓小平重新明确了一切从实际出发，理论联系实际，实事求是，在实践中检

---

① 《邓小平文选》第二卷，人民出版社1994年版，第143页。

验和发展真理的思想路线。这条思想路线,四句话,四次提到"实"这个字。实际上,我们看《邓小平文选》和《邓小平思想年编》,邓小平讲"实"频率是非常高的:实践、实际、求实、切实、落实、实效、实处、踏踏实实、老老实实等。这充分体现了邓小平的唯实思维,所针对的就是唯书思维与唯上思维。

解放思想的实质就是在批判教条主义的基础上让人们树立一种面向现实、敢闯敢试、发展变革的新的思维方式。不论对于一个人来说,还是对于一个政党来说,思维方式的变革特别难,但思维方式的变革又特别重要。思维改变行为,观念决定命运。如果没有这一理论精髓,也就没有今天中国改革与发展的伟大成就。在此意义上,解放思想确实是发展中国特色社会主义的一大法宝。**万事开头难,一旦思想解放成为潮流,实事求是深入人心,经济社会不断发展,人们得到的实惠越来越多,任何教条主义或僵化观念都无法持久。**在这种情况下,思想解放与社会发展就会形成一种良性的互动效应。从这个意义上说,思想解放具有一种自我强化的功能,后来思想解放的不断深入与理论的不断创新也证明了这一点。

新时代改革的全面深化仍然需要更为深入的思想解放。这是因为,相比于不断发展的实践,理论本身总有相对的滞后性,特别是某些传统的思想观念与不合时宜的思维方式根深蒂固,仍可能无意识与潜意识支配着人们的头脑。正如邓小平指出的,认为解放思想已经到头了甚至过头了显然是不对的。2016年7月1日,习近平总书记在庆祝中国共产党成立95周年大会上强调指出:"时代是思想之母,实践是理论之源。实践发展永无止境,我们认识真理、进行理论创新就永无止境。今天,时代变化和我国发展的广度和深度远远超出了马克思主义经典作家当时的想象。同时,我国社会主义只有几十年实践、还处在初级阶段,事业越发展新情况新问题就越多,也就越需要我们在实践上大胆探索、在理论上不断突破。理论上不彻底,就难以服人。我们要以更加宽阔的眼界审视马克思主义在当代发展的现实基础和实践需要,坚持问题

导向,坚持以我们正在做的事情为中心,聆听时代声音,更加深入地推动马克思主义同当代中国发展的具体实际相结合,不断开辟21世纪马克思主义发展新境界,让当代中国马克思主义放射出更加灿烂的真理光芒。"①

思想不解放,我们就很难找准突破的方向和着力点,很难针对各种利益固化的症结推出创造性的改革举措。

关于中国特色社会主义的理论精髓,还有一个非常重要的问题需深化认识,那就是如何有效做到解放思想、实事求是、与时俱进、求真务实。我们不能总是在经验教训之后才意识到要思想解放,不能总是通过一次次的思想运动的形式进行思想解放。我们必须找到思想解放与理论创新的长效制度化机制。而民主——包括党内民主和社会民主,恰恰是实现思想解放的有效制度保障。正像邓小平指出的:"民主是解

---

① 《习近平谈治国理政》第二卷,外文出版社2017年版,第34页。

放思想的重要条件。"①如果民主机制比较健全,群众和下级能够自下而上不断反映问题与意见,在这种情况下,现实的问题与不同的意见能够迅速得到反映,这种现实的压力推动着领导层不得不根据问题与形势来调整思路,改变想法,与时俱进。在这种情况下,思想解放更容易实现,即使有代价,代价一般也比较小,并且更容易在解放思想中统一思想。应该说,邓小平对于民主的强调基于现实的经验教训,确实把握住了实现思想解放的关键所在。**党内民主与人民民主的有效运作将使思想的解放与理论的创新成为一种常态行为**,这对于新时代的思想解放与理论创新也是极为重要的。

二 坚持正确道路选择

对于中国改革来说,道路问题至为根本、至为关键。2013年6月,在中国共产党成立92周年前夕,

---

① 《邓小平文选》第二卷,人民出版社1994年版,第144页。

习近平总书记在主持中国特色社会主义理论和实践第七次集体学习时指出，无论搞革命、搞建设、搞改革，道路问题都是最根本的问题。30多年来，我们能够创造出人类历史上前无古人的发展成就，走出了正确道路是根本原因。现在，最关键的是坚定不移走这条道路、与时俱进拓展这条道路，推动中国特色社会主义道路越走越宽广。实行改革是为了打破封闭僵化的苏联模式，在老路不通的情况下探索一条解放和发展生产力、实现人民富裕和国家富强的新路。但是改革绝不能走西方资本主义的模式道路，而是必须牢牢坚持四项基本原则。新时代的中国改革，尤其要坚定道路自信，毫不动摇地坚持和发展中国特色社会主义道路。

　　道路自信源于有一个成熟的政党的领导。从实质来看，党的领导、政党自信是道路自信背后的根本支撑。一个政党不自信，没有信心与能力，绝对提不出包括道路自信在内的"四个自信"。随着执政水平、领导能力不断提升，执政的中国共产党愈益自信，对

第四章 新时代改革的基本原则

于中国道路也愈益自信。

道路自信源于中国特色社会主义道路的内生性。中国特色社会主义道路是在改革开放40年伟大实践中走出来的,是在中华人民共和国成立60多年的持续探索中走出来的,是在对近代以来170多年中华民族发展历程的深刻总结中走出来的,是在对中华民族5000多年悠久文明的传承中走出来的,具有深厚的历史渊源和广泛的现实基础。中国特色社会主义道路植根传统文化、立足基本国情、总结历史经验、顺应发展规律,是我们自己通过艰辛探索才开辟形成的。换言之,这条道路对于中国而言,具有内在的生长逻辑与产生、发展必然性,既不是照抄照搬,也不是外部强加给我们的。对于这种符合自己历史、现实与国情的道路,我们应该具有自信。

道路自信源于中国特色社会主义道路内涵的科学性。内涵的科学性是道路自信的重要前提。自1978年开辟以来,中国特色社会主义道路的内涵不断丰富、发展、完善,到今天已具有了较为完整科学的理论内

涵。这就是既坚持以经济建设为中心,又全面推进经济建设、政治建设、文化建设、社会建设、生态文明建设以及其他各方面建设;既坚持四项基本原则,又坚持改革开放;既不断解放和发展社会生产力,又逐步实现全体人民共同富裕、促进人的全面发展。从以上内涵可以看出,中国特色社会主义道路是目标与路径、结果与过程的辩证统一,在今天看来大方向、大原则完全正确,是在具体的、历史的复杂现实性基础上实现发展目标的正确道路。

道路自信源于中国特色社会主义道路的伟大成就。改革开放以来40年时间所取得的成就举世瞩目,一个约占世界人口1/5的超大型国家,国情如此复杂,体量如此庞大,几十年时间内保持政治与社会的稳定,比较顺利地实现了转型与发展,成就如此辉煌,这在人类历史上是极为罕见的,在一定意义上,可以说是前无古人。实践雄辩地证明了中国道路的优越性,这是我们坚定中国特色社会主义道路自信的牢固根基。2018年10月24日,习近平总书记在深圳参观"大潮起珠江——广东改革开放40周年展览"时指出:"党的十八大后我考察调研的第一站就是深圳,改革开放40周年之际再来这里,就是要向世界宣示中国改革不停顿、开放不止步,中国一定会有让世界刮目相看的新的更大奇迹。我们要不忘改革开放初心,认真总结改革开放40年成功经验,提升改革开放质量和水平。要坚持以人民为中心,把为人民谋幸福作为检验改革成效的标准,让改革开放成果更好惠及广大人民群众。广东要弘扬敢闯敢试、敢为人先的改革精神,立足自身优势,创造更多经验,把改革开放的旗帜举得更高更稳。"[1]在广东自由贸易试验区深圳前海蛇口片区考察调研时,习总书记又强调:"实践证明,改革开放道路是正确的,必须一以贯之、锲而不舍、再接再厉。"[2]

---

[1] 《高举新时代改革开放旗帜 把改革开放不断推向深入》,《南方日报》,2018年10月26日。

[2] 《高举新时代改革开放旗帜 把改革开放不断推向深入》,《南方日报》,2018年10月26日。

　　道路自信要求我们毫不动摇地坚持和发展中国特色社会主义道路,像习近平总书记强调的,既不走封闭僵化的老路,也不走改旗易帜的邪路,不能犯颠覆性错误。开弓没有回头箭,封闭僵化的老路已经被历史证明无法走通!如果说不走老路更容易理解,那么,什么是改旗易帜的邪路呢?政治上要求照抄照搬西方模式,比如搞普选与多党制,经济上要求实行大规模的全面私有化在当代中国就是改旗易帜的邪路。

　　多党制是否有利于当前中国的发展稳定呢?答案是否定的!从现代化的规律来看,与发达国家的现代化路径不同,后发国家的现代化进程更需要政治权威的推动,在当代中国,这一政治权威只能是中国共产党。从治理绩效来看,中国在共产党的领导下短短几十年内取得了发达国家几百年取得的发展成就,执政的有效性并不比多党制国家中的执政党差,甚至远超于某些实行多党制的发展中国家。作为中国特色社会主义事业的领导核心,中国共产党在改革进程中显示出极强的社会回应能力、自我调适能力与自我完善能力。经过持续的探索,中国政治体制改革在实践中已经确立了党的领导、人民当家作主与依法治国相统一的基本原则,这一原则植根于中国改革的现实土壤,符合中国国情,切合中国实际。至于人民民主的实现问题,与政党制度并没有什么必然的联系:多党制并不意味着更高程度的人民民主,而一党执政也并不意味着不能将人民民主推进到更高的层次与水平。不能机械教条地将政党制度与民主的实现程度相对应。

普选制是否为当前中国政治发展的应然道路选择呢?答案也是否定的。**当前思想界有一种观点,认为中国目前要搞民主就要放开普选。这种观点将选举视为民主的主要形式,似乎是站在现代政治价值的制高点上审视中国改革,但其实其对民主的理解既不全面,同时又脱离中国实际。说其对民主的理解不全面,是因为直选只是民主的一种形式,除选举之外,让权力在阳光下运行、各种形式的协商民主、社会舆论的监督制约、权力间的制衡等也都是现代民主的形式。说其脱离实际,是因为其无视中国作为后发现代**

化国家，过度民主化不利于在改革进程中确立一个强有效的集中领导核心反而有可能造成社会对立与动荡，将选举民主视为目的本身。实际上，选举民主从来不是为选举而选举，选举民主的目的是产生一个有治理能力的政治精英群体。但世界民主发展的经验教训证明，选举民主往往并不能保证做到这一点。有治理能力的政治精英群体也并非只有大规模的普选这一条产生路径。**在今天中国这样一个矛盾与问题比较集中的情况下大规模放开选举，非但不能达成发展社会主义民主的初衷，反而会造成像很多发展中国家一样的混乱政局。**新加坡学者郑永年对此问题曾做过较为深刻的分析。他认为，中国的民主化必须推进，但泛民主化并不可取。泛民主化是后发展中国家的通病，是这些国家难以发展有效和高质量民主的一个主要根源。一些发展中国家，尽管也实行西方式民主，但民主的品质极其低劣，民主往往是和无秩序与暴力联系在一起。在此意义上，不分阶段、不分形式地要求一律放开普选，是一种形而上学的"选举迷信"。关键

第四章 新时代改革的基本原则

问题是,在什么阶段,实现什么样的民主,而不是不分青红皂白地一律以西方模式为圭臬。正是基于中国的自身实际,我们党才提出了发展社会主义协商民主的方向目标。

私有化是否为中国经济的应然道路选择呢?答案也是否定的。针对当前农村中征地拆迁所引发的利益矛盾,有一种观点认为根源就在于农村土地的集体所有,所以应在农村推行大规模土地私有化,只有如此,才能有效保障农民土地权益。这种土地私有化的主张其实遵循的还是新自由主义经济学的逻辑,它意图通过完全的私有化做到产权明晰,让市场本身决定土地交易行为。这种私有化论实际上有一个未言明的前提设定,即私有化后的土地交易完全是在规范化的市场中进行。但这样一种逻辑假定与现实差距甚远,因为这种完全规范的市场从来就没有真正在现实存在过。按照这一假定所采取的举措在实践中不仅往往根本无法实现预期目标,反而可能造成始料未及的消极后果。苏东剧变后,俄罗斯与东欧以激进私有化为

主要内容的休克疗法所造成的混乱与灾难犹历历在目。在不规范的市场语境下,在农民处于市场中弱势地位的条件下,某些权力部门、某些掌权个体、某些强势资本、某些其他群体乃至外国资本会通过各种方式和手段,将土地集中到自己手中,而其手段与方式的多样性往往是我们想象不到的。我们绝不能低估这种可能性。**如果土地的私有化真的实行了,土地的集中速度将会大为加快,而无地农民的数量将会大幅上升。在社会保障尚不健全、城市尚不能容纳大量农村人口转移的情况下,无地的农民将会成为中国社会中的最大不稳定因素,甚至有可能因此断送中国改革进程。**在这个意义上,看清、看透、看全中国的现实而不是盲动的、冲动的想象与设定才是解决中国问题的前提。

基于以上分析,在发展道路的选择问题上,既不能"左",也不能右,而应坚持中国特色社会主义道路。从中国作为后发现代化国家的实际出发,在实践探索中走出的中国特色社会主义道路才是符合中国具体国情，能够实现国家富强、民族复兴、人民幸福、社会和谐的康庄大道！只有走中国人民自己选择的道路，走适合中国国情的道路，最终才能走得通、走得好。正如习近平总书记指出的："中国是一个大国，决不能在根本性问题上出现颠覆性错误，一旦出现就无法挽回、无法弥补。我们的立场是胆子要大、步子要稳，既要大胆探索、勇于开拓，也要稳妥审慎、三思而后行。"[①]新时代，只要坚持正确的改革道路，没有任何势力能够阻挡中国的发展与民族的复兴。

三 保障人民主体地位

中国改革的开启在意识形态领域以思想解放为先导，在实践领域则以对民众的实践赋权为鲜明特色。传统社会主义模式下，权力高度集中，民众自主经济权力缺失，经济发展的积极性、主动性与创造性长期缺乏，这不仅使得民众的温饱问题始终没有得到普遍

[①] 《习近平谈治国理政》第一卷，外文出版社2018年版，第348页。

有效解决,而且导致经济社会发展长期不可持续。**问题倒逼改革、危机倒逼改革**,针对现实的问题,邓小平在改革之初多次强调要权力下放,赋予社会成员经济自主权,实行经济民主。没有这种经济的分权、放权和赋权,思想解放就缺乏实质性内容,社会成员就缺乏自由探索与自主创新的空间与平台。这种经济的放权与赋权实际上意味着打破传统的计划体制,意味着经济的商品化与市场化。

在农村,家庭联产承包责任制的实行使广大农民获得了比较完整的土地使用权、相对独立的土地经营权以及对自身劳动与劳动产品较大程度的自由支配权。随后,农民又被允许发展农村副业和从事多种经营,甚至可以进城从事其他产业。在城市,个体经济和私营经济得以恢复和发展,全民所有制和集体所有制企业的经营决策权、人事管理权、劳动用工权、投资决策权、工资奖金分配权等自主权逐步被认可与确立。可以说,正是通过有效的经济体制改革,通过切实的经济赋权,邓小平时代的中国经济动力强劲、发展迅速。也正是在这样一个初创的探索过程中，中国特色社会主义展现出自身的生机活力与切实的优越性。

这种改革最初的分权、放权与赋权体现了邓小平对于改革方向与原则的深入思考：改革必须打破束缚性的条条框框，必须切实尊重民众的改革主体地位，赋予民众足够的权利、自由、空间与平台，充分激发调动民众的自主性、能动性与创造热情。这既是党的群众路线在改革中的生动体现，也是现代市场经济体制下公民经济权利的必然要求。这一基本原则是改革主导者在进行顶层设计时一定要切实注意的。如果在进行顶层设计时不遵循这样一个基本原则，不了解民众的权利诉求与实践意愿，不能给予民众有效的制度空间与政策平台，不能有效激发潜藏于民众之间的巨大热情与能力，民众无法形成对改革的适度有效参与，改革很有可能会沦为整个官员体系的孤军奋战，而这种情况下，改革是无法启动、推进并最终成功的。越是在改革的关键阶段与困难时期，越是在改革

难以推进时,就越需要有序有效地对民众赋权放权,释放民众的动力与热情,依靠民众刺激与推动改革。

对于改革的这一基本原则,邓小平始终有着极为深刻的体会,改革之初是如此,在20世纪90年代思考改革时依然如此。在1992年7月审阅中共十四大报告稿时,邓小平特别强调:"可以体现以我为主体,但绝不是一个人脑筋就可以钻出什么新东西来。乡镇企业是谁发明的,谁都没有提出过,我也没有提出过,突然一下子冒出来,发展得很快,见效也快。家庭联产承包责任制也是由农民首先提出来的。这是群众的智慧,集体的智慧。我的功劳是把这些新事物概括起来,加以提倡。"①

当邓小平说出这段名言时,他作为改革开放的总设计师一定是有深切感悟的。确实,很多创新并不是能够预先规划与设计的,而是在一定自由环境与宽松条件下的自发产物,这种宽松而自由的平台与空间对

---

① 《邓小平思想年编》(一九七五——一九九七),中央文献出版社2011年版,第711—712页。

于民众能量的激发、对于创新的产生是极为重要的。也正是因为有效有序的赋权于民，民众的激情与能量被充分激发调动，20世纪80年代的改革上下齐心、官民合力、活力迸射，成为中国改革的黄金时期。一定意义上，一部中国的改革史，就是一部确认和保障群众的创造权，使群众的创造合法化、普遍化和常态化的历史。

党的十八大以来，中国特色社会主义进入新时代，习近平总书记也多次强调依靠人民推进改革。"提高改革决策的科学性，很重要的一条就是要广泛听取群众意见和建议，及时总结群众创造的新鲜经验，充分调动群众推进改革的积极性、主动性、创造性，把最广大人民智慧和力量凝聚到改革上来，同人民一道把改革推向前进。"[1]中央把握方向、顶层设计，社会活力充分激发、有效调动，上下齐心合力才是改革的最佳理想状态。

---

[1] 《习近平谈治国理政》第一卷，外文出版社2018年版，第98页。

习近平总书记2018年10月广东之行的第二站之所以选在清远,一个很重要的原因是清远富有调动民众积极性的改革精神。1978年,清远的一些国营工厂到了连发工资都很困难的地步,有人就提出用"超产奖励"的办法提高工人积极性,县里在氮肥厂等4个厂试点获得成功,形成了"清远经验"。今天的改革攻坚面临严峻的形势和复杂的挑战,我们必须更为注重依靠人、解放人与开发人,持续激发潜藏于13亿民众之中的无穷智慧和创造热情,切实解决发展的活力问题,才能实现宏伟的目标使命。

四 优化权力治理结构

如何处理中央、地方与基层的关系,推动形成合理的权力间关系架构始终是中国改革进程中的一个核心性问题。这么大一个国家,形势复杂、任务艰巨,必要的权力集中与全局统筹自然是不可缺少的,但是经济自主权力的有效有序下放同样极为重要。在

第四章　新时代改革的基本原则

改革之初，邓小平就已经在改革与完善整个国家治理体制的宏观视野下开始思考经济改革特别是经济民主问题。邓小平一方面强调必要的集中，尤其是中央财权的集中，另一方面更为强调向地方与基层的分权与赋权。

在《解放思想，实事求是，团结一致向前看》的著名讲话中，邓小平指出："我想着重讲讲发扬经济民主的问题。现在我国的经济管理体制权力过于集中，应该有计划地大胆下放，否则不利于充分发挥国家、地方、企业和劳动者个人四个方面的积极性，也不利于实行现代化的经济管理和提高劳动生产率。应该让地方和企业、生产队有更多的经营管理的自主权。我国有这么多省、市、自治区，一个中等的省相当于欧洲的一个大国，有必要在统一认识、统一政策、统一计划、统一指挥、统一行动之下，在经济计划和财政、外贸等方面给予更多的自主权。"[1]应该

---

[1] 《邓小平文选》第二卷，人民出版社1994年版，第145—146页。

说,邓小平对此问题一直是有持续思考的。1992年南方谈话中,他还特别强调:"恐怕再有三十年的时间,我们才会在各方面形成一整套更加成熟、更加定型的制度。"①这一整套的制度当然包括作为现代国家制度之重点的中央、地方与基层的关系制度架构。也正是因为对地方与基层的有效放权让利,极大增强了地方与基层经济发展的自主性与积极性,改革开放以来,中国经济呈现出地方竞争式蓬勃发展的态势,经济发展成效巨大。

党的十八届三中全会接续邓小平这一战略思路,进一步提出了国家治理体系现代化的问题。确实,在**今天全面深化改革的语境下,如何既保证中央的足够权威以做到令行禁止,又保证地方与基层有充分的探索空间与创新自由以形成有效激励,是我们的治理体制迫切需要回答和解决的问题。**特别是党的十八大以来,在我们这种压力型治理体制下,在整个权力系统

---

① 《邓小平文选》第三卷,人民出版社1993年版,第372页。

中，自上而下施加的压力逐步增大，中央对改革发展的思路部署向地方与基层高压落实，同时对地方与基层的约束趋紧，地方与基层面临巨大的问责风险，在这种情况下，地方与基层官员自主性缺失、不想为、不敢为的问题开始较为普遍出现。如果这一问题不解决，不能对广大地方与基层干部建立起有效的激励机制和容错纠错机制，新时代的改革就难以有效深化。针对这一问题，中央与地方已经陆续出台了一些相关政策和规定。2018年5月，中共中央办公厅印发了《关于进一步激励广大干部新时代新担当新作为的意见》，并发出通知，要求各地区各部门结合实际认真贯彻落实。

通知强调，**要完善干部考核评价机制，改进考核方式方法，充分发挥考核对干部的激励鞭策作用。要全面落实习近平总书记关于"三个区分开来"的重要要求，宽容干部在工作中特别是改革创新中的失误错误，旗帜鲜明为敢于担当的干部撑腰鼓劲。**该意见特别强调要切实为敢于担当的干部撑腰鼓劲。建立健全

容错纠错机制,宽容干部在改革创新中的失误错误,把干部在推进改革中因缺乏经验、先行先试出现的失误错误,同明知故犯的违纪违法行为区分开来;把尚无明确限制的探索性试验中的失误错误,同明令禁止后依然我行我素的违纪违法行为区分开来;把为推动发展的无意过失,同为谋取私利的违纪违法行为区分开来。各级党委(党组)及纪检监察机关、组织部门等相关职能部门,要妥善把握事业为上、实事求是、依纪依法、容纠并举等原则,结合动机态度、客观条件、程序方法、性质程度、后果影响以及挽回损失等情况,对干部的失误错误进行综合分析,对该容的大胆容错,不该容的坚决不容。对给予容错的干部,考核考察要客观评价,选拔任用要公正合理。准确把握政策界限,对违纪违法行为必须严肃查处,防止混淆问题性质、拿容错当"保护伞",搞纪律"松绑",确保容错在纪律红线、法律底线内进行。坚持有错必纠、有过必改,对苗头性、倾向性问题早发现早纠正,对失误错误及时采取补救措施,帮助干部汲取教训、改进提高，让他们放下包袱、轻装上阵。**严肃查处诬告陷害行为，及时为受到不实反映的干部澄清正名、消除顾虑，引导干部争当改革的促进派、实干家，专心致志**为党和人民干事创业、建功立业。有些省份也陆续出台了相关的政策文件。

此类文件的出台具有鲜明的问题针对性，且较为及时。但也应看到，存在的问题并非仅仅靠相关政策文件的出台就可以完全有效解决，因为其还涉及一个实践中国家权力关系与治理架构调整的问题。总结以往的理论探索与实践经验，问题的关键恐怕在于逐步合理地划分中央、地方与基层的责、权、利，推动相互之间责、权、利的明确化、规范化、法治化，使权力系统的各个层级各行其权、各负其责、各履其职、各得其利。如果相互之间责、权、利划分不合理不明确，不仅会导致相互扯皮、互相推卸责任，而且会导致地方与基层或者由于权力无边界而乱为，或者由于责任不清晰怕承担责任而不敢为。新时代的改革应着力推进这一问题的解决。

五 积极推进对外开放

对外开放本身就是改革的一项重要举措,但我们习惯上往往将两者并称。之所以如此,是因为对外开放具有不同于一般国内改革的独特地位与重大作用。从40年的历程来看,如果没有对外开放,如果没有对整个世界大潮的融入,如果没有向发达国家的学习与借鉴,如果没有开放对国内改革的倒逼,中国就不会有今天的发展成就。

从理论上讲,对外开放是社会主义作为一种社会形态在存在状态上的必然要求。这是因为马克思主义意义上的社会主义、共产主义作为一种理想社会本来就是以资本主义文明成果为基础的一种世界历史性的存在。在《德意志意识形态(节选)》与《共产党宣言》中,马克思恩格斯多次指出,资本主义通过开拓世界市场推动了全球化的历史进程。"大工业创造了交通工具和现代的世界市场……它首次开创了世界历史……因为它消灭了各国以往自然形成的闭关自守的状态。"①既然资本主义都已经开辟了世界市场，整个人类的历史已经发展到"世界历史"，即整个世界联系越来越密切，越来越一体化的历史阶段，共产主义作为比资本主义更高级的文明形态，必然也是全球性的存在形态。"共产主义……是以生产力的普遍发展和与此相联系的世界交往为前提的"，"共产主义……只有作为'世界历史性的存在'才有可能实现"。就此而言，现实社会主义国家对外的开放、借鉴、交往是社会主义的内在属性与必然要求。

从实践来看，改革之初的开放战略是决策者思想解放、审时度势的伟大抉择。之所以说思想解放是因为按照传统两极对立的意识形态观念，资本主义在一天天烂下去，社会主义在一天天好起来，革命形势一片大好，具有巨大优越性的社会主义完全可以依靠自身实现迅速发展乃至很快过渡到共产主义，资本主义只在斗争与消灭之类，并不在交往与借鉴之列。这种

---

① 《马克思恩格斯选集》第一卷，人民出版社1995年版，第114页。

既有的认识不打破,对外开放是不可能的。但是,向共产主义的过渡在现实的社会主义国家还没有实现,总体落后的状态短期内并没有根本性改变,资本主义的发展在我们摘掉有色眼镜之后也远非最初之预想。现实不能不使我们对既有的意识形态观念进行反思。之所以说审时度势,是因为当时的决策者敏锐地意识到了时代主题从"战争与革命"向"和平与发展"的转变,意识到整个世界形势有利于打破自身封闭状况的变化。**意识形态的思想解放加上战略眼光上的审时度势,最终催生出承认差距、注重交往、超越意识形态差别的开放战略。**我们要敢于承认落后,承认落后就有赶超先进的动力,并且通过学习先进,去赶超先进。"建国以后,人家封锁我们,在某种程度上我们也还是闭关自守,这给我们带来了一些困难。三十几年的经验教训告诉我们,关起门来搞建设是不行的,发展不起来。"[①] "考虑国与国之间的关系主要应该

---

① 《邓小平文选》第三卷,人民出版社1993年版,第64页。

从国家自身的战略利益出发。着眼于自身长远的战略利益，同时也尊重对方的利益……不去计较社会制度和意识形态的差别……"①尤应强调的是，对于对外开放而言，这种对意识形态的超越十分重要。如果不在很大程度上超越原有的意识形态观点，而是将姓"社"姓"资"的认识僵化搬到国际关系上，就将会导致持久的对立、孤立与敌视。1979年1月1日，中美正式建立外交关系，这一历史性事件同1978年12月党的十一届三中全会完成的伟大转折一起，标志着一个新的伟大的历史时期的开启。

40年对外开放的成就巨大。新时代，我们更应该具有全球眼光、世界视野：一方面，在进一步的开放中更好地发展自己。在广东考察时，习近平总书记对广东就提出了深化改革开放的工作要求，指出要把粤港澳大湾区建设作为广东改革开放的大机遇、大文章，抓紧抓实办好。要在更高水平上扩大开放，高标

---

① 《邓小平文选》第三卷，人民出版社1993年版，第330页。

准建设广东自由贸易试验区,打造高水平对外开放门户枢纽。另一方面,逐步改变近现代以来随着世界市场的开辟而形成的由资本主导的全球秩序,不断拓展同世界各国的合作,积极参与全球治理,在更多领域、更高层面上实现合作共赢、共同发展,推动构建人类命运共同体,追求一种更为公正合理的全球化方案,从而引领世界历史的发展进程。历史已经证明并将进一步证明对外开放不仅会持久深刻地改变中国,也将持久深刻地影响整个世界历史。正如习近平总书记指出的:"中国开放的大门不会关闭,只会越开越大。中国推动更高水平开放的脚步不会停滞!中国推动建设开放型世界经济的脚步不会停滞!中国推动构建人类命运共同体的脚步不会停滞!"①

---

① 《共建创新包容的开放型世界经济——在首届中国国际进口博览会开幕式上的主旨演讲》,新华网,2018年11月5日。

第四章　新时代改革的基本原则

六　整体渐进局部突进

新时代，在改革的全面深化与攻坚阶段，面对长期以来存留下来的改革难题，应在保持改革整体渐进节奏的前提下，适时在某些领域与环节推进强力改革。只有如此，才能在多年来改革量变积累的基础之上，突破度的幅度节点，化量变为质变，把中国现代化的水平提升到新的高度与层次。整体渐进中的部分突进，适时推动量变到质变，是当前改革中尤应注意运用的一个重要原则。

之所以强调要把整体渐进中的部分突进作为当前改革一个重要原则，主要基于两方面的考虑。

一方面，当前改革已行至深水区，难啃的硬骨头已无法回避。**就中国的改革而言，好改易改的方面差不多都已经完成，剩下的大都是涉及复杂关系、触及深层利益、指向深层结构、阻力障碍空前的关键领域与关键环节的改革。**问题解决难度大但又较为紧迫、无法回避。比如当前改革中的收入分配问题、国

企改革问题、利益矛盾的整合问题等，均是如此。在这种情况下，面临攻坚克难的形势，四平八稳的常规性改革措施往往难以奏效，所谓突进性改革也就在所难免。只有有针对性地在某些领域、环节采取强有力的、带有突破性的措施，才能在量的积累基础之上，有效推动改革实现由量变到部分质变的跨越，积多年之功切实推动改革深化与破旧立新。在此意义上，随着改革的推进与深化，有力度的、突进性的改革举措出台，相较于以往恐怕会更为频繁。

另一方面，随着改革推进到全面深化阶段，相关支持因素在不断增强，使得突进性改革能够获得足够的动力支持。改革的切实深化需要足够的动力支持，如果缺乏相应的支持条件，即使碰到硬骨头，明知躲不开、绕不过，改革也无法推进。纵观中国改革历程，民众对经济权力与自由的执着追求，对提高自身生活水平的强烈渴望，对国家基本制度架构与中央高层的认同；社会成员利益意识与权利观念的不断启蒙，现代文明素质的不断增强；中国对于全球化进程

第四章　新时代改革的基本原则

更深更广的融入所导致的国家经济生活、政治生活、文化生活与社会生活的深度变迁；改革开放以来社会领域相对独立性与协调治理功能的不断增强；大众传媒特别是迅速发展的网络媒体作用的日益显现；等等。这些都是改革深化的有利支持因素，改革深化的动力所在。实际上，改革越推进，难题固然会愈益凸显，难度固然会不断增大，但长期改革也会积聚巨大的改革势能，形成巨大的改革惯性，强化已有的改革思维。就此而言，中国改革一直以来并不缺乏动力支持。

当然，仅仅具备以上动力因素也未必会导致改革形成大的突破，以上动力因素要更为充分有效地发挥作用，一个关键因素还要取决于改革主导者与决策者对之如何整合利用。只要改革主导者与决策者具有足够的改革权威，能够充分考虑到改革的支持条件，善于把握改革的有利时机，具有足够的勇气和智慧推进改革，各方面的改革支持因素就会得到较为有效的整合利用，改革的动力因素就有可能产生连锁反应与共

振效应,共同汇聚成推动改革的合力与正能量。在这种情况下,体制内外的改革动力相互支持,原本存在的改革动力不仅得到保持,而且还会得到进一步的激发增强,突进性改革就会获得足够的动力支持。

以上两个方面的分析说明,在改革进程中,当难题与硬骨头凸显而改革又具有足够的动力支持时,化量变为质变的突进性改革的条件就具备了。而新时代的中国改革就正处在这样一个关键节点上。正如习近平强调指出的:"现在我国改革已经进入攻坚期和深水区,我们必须以更大的政治勇气和智慧,不失时机深化重要领域改革。……停顿和倒退没有出路。我们要坚持改革开放正确方向,敢于啃硬骨头,敢于涉险滩,既勇于冲破思想观念的障碍,又勇于突破利益固化的藩篱。"[1] "我们在改革开放上决不能有丝毫动摇,改革开放的旗帜必须继续高高举起,中国特色社会主义道路的正确方向必须牢牢坚持。全党要坚定改

---

[1] 《习近平总书记系列讲话精神学习读本》,中共中央党校出版社2013年版,第33—34页。

革信心，以更大的政治勇气和智慧、更有力的措施和办法推进改革。"[1] "提出改革举措当然要慎重，要反复研究、反复论证，但也不能因此就谨小慎微、裹足不前，什么也不敢干、不敢试。搞改革，现有的工作格局和体制运行不可能一点都不打破，不可能都是四平八稳、没有任何风险。只要经过了充分论证和评估，只要是符合实际、必须做的，该干的还是要大胆干。"[2]也正是通过这种把握时机的突进性改革，面临各种阻碍的新时代中国改革方能得以切实深化！

---

[1] 《习近平谈治国理政》第一卷，外文出版社2018年版，第87页。
[2] 《习近平谈治国理政》第一卷，外文出版社2018年版，第87页。

第五章
DIWUZHANG 新时代改革的具体部署

十八大以来，党中央对具体推进改革作出了新的部署，在八大领域形成了明确思路。即经济上贯彻新发展理念，政治上加强自主探索，文化上牢牢掌握话语权；加强生态文明建设和国防建设，注重外交顶层设计，追求外交普惠共赢；使改革发展成果惠及全体人民。

第五章　新时代改革的具体部署

党的十八大以来，以习近平同志为核心的党中央对于如何治国理政提出了"四个全面"战略布局，即全面建成小康社会、全面深化改革、全面依法治国、全面从严治党。这一战略布局从整体上谋划了治国理政的大思路大格局。但是，必须看到，对于新时代的中国改革发展而言，不仅要明确战略，还要明确战术；不仅要把握总体，还要把握具体。所以在"四个全面"战略布局之下，习近平总书记对改革如何具体推进又作出了新的部署，在八大领域形成了具体的发展改革思路。所谓八大领域，就是"五＋三"，"五"就是经济建设、政治建设、文化建设、社会建设、生态文明建设"五位一体"的总体布局，"三"就是国防军队建设、祖国统一大业与外交领域。

一　经济建设

经济领域总的思路是贯彻创新、协调、绿色、开放、共享的新发展理念，加快转变经济发展方式，

建设现代化经济体系。党的十九大报告指出："我国经济已由高速增长阶段转向高质量发展阶段，正处在转变发展方式、优化经济结构、转换增长动力的攻关期，建设现代化经济体系是跨越关口的迫切要求和我国发展的战略目标。必须坚持质量第一、效益优先，以供给侧结构性改革为主线，推动经济发展质量变革、效率变革、动力变革，提高全要素生产率，着力加快建设实体经济、科技创新、现代金融、人力资源协同发展的产业体系，着力构建市场机制有效、微观主体有活力、宏观调控有度的经济体制，不断增强我国经济创新力和竞争力。"①

现代化经济体系是党的十九大报告首次提出的一个新概念。**现代化经济体系是指中国在今后相当长一段时期内所谋求和打造的"质量第一、效益优先"经济体系。**其主要内容包括以下三个方面：一是做优、做强、做大以先进制造业为主的实体经济部门，这是

---

① 《决胜全面建成小康社会　夺取新时代中国特色社会主义伟大胜利》，人民出版社2017年版，第30页。

全面建设现代化经济体系的基础任务；二是要落实创新驱动发展战略和构建创新型国家，这是全面建设现代化经济体系的战略支撑；三是加快完善社会主义市场经济体制，这是全面建设现代化经济体系的制度安排。习近平总书记2018年10月在广东考察时指出，要发挥企业创新主体作用和市场导向作用，加快建立技术创新体系，激发创新活力。要大力发展实体经济，破除无效供给，培育创新动能，降低运营成本，推动制造业加速向数字化、网络化、智能化发展。[①]

在这样一个转变经济发展方式，建设现代化经济体系的总的思路之下，经济领域的重要任务部署，可以简要地概括为三个"一"。

新时代的经济建设必须把握一个核心：处理好政府和市场的关系问题。 理论和实践都证明，市场配置资源是最有效率的形式。市场决定资源配置是市场经济的一般规律。要着力解决市场体系不完善、政府

---

① 《高举新时代改革开放旗帜 把改革开放不断推向深入》，《南方日报》，2018年10月26日。

干预过多和监管不到位问题。党的十八届三中全会强调要"使市场在资源配置中起决定性作用",作出这一定位,有利于在全党全社会树立关于政府和市场关系的正确观念,有利于转变经济发展方式,有利于转变政府职能,有利于抑制消极腐败现象。这一核心问题的解决对于新时代的经济改革与发展而言,尤为关键。建设统一开放、竞争有序的市场体系,是使市场在资源配置中起决定性作用的基础。必须加快形成企业自主经营、公平竞争,消费者自由选择、自主消费,商品和要素自由流动、平等交换的现代市场体系,着力清除市场壁垒,提高资源配置效率和公平性。

新时代的经济体制改革必须实施一大战略:创新驱动发展战略。创新是引领发展的第一动力,是建设现代化经济体系的战略支撑。总书记也强调:"我国是一个发展中大国,正在大力推进经济发展方式转变和经济结构调整,必须把创新驱动发展战略实施好。"①如果没有创新能力，核心技术领域普遍受制于人，是无法真正崛起为现代化强国的。针对于此，必须要着力建设科技强国、质量强国、航天强国、网络强国、交通强国、数字中国、智慧社会，加强国家创新体系建设，建立以企业为主体、市场为导向、产学研深度融合的技术创新体系，倡导创新文化，培养造就一大批具有国际水平的战略科技人才、科技领军人才、青年科技人才和高水平创新团队。

在广东考察时，习近平也强调，制造业是实体经济的一个关键，制造业的核心就是创新，就是掌握关键核心技术，必须靠自力更生奋斗，靠自主创新争取，希望所有企业都朝着这个方向去奋斗。我们要有自主创新的骨气和志气，加快增强自主创新能力和实力。他特别强调中小企业在创新中的作用。2018年10月24日下午，习近平来到广州明珞汽车装备有限公司，同在场的中小民营企业负责人亲切交谈，肯定

---

① 《习近平：加快实施创新驱动发展战略　加快推动经济发展方式转变》，《人民日报》，2014年8月19日。

他们在自主创新方面取得的成就。他表示，党中央高度重视并一直在想办法促进中小企业发展。只有这样才能真正使我国经济全面发展、科学发展、高质量发展。我们大力提倡创新创造创业，既离不开中小企业，也给中小企业发展提供了更多机会和更大空间。

新时代的经济建设必须深化一项改革：供给侧结构性改革。党的十八大以来，习近平总书记和李克强总理多次强调要深化供给侧结构性改革。为什么要深化供给侧结构性改革呢？这是因为，今天，在经济领域，生产的产品、供给的商品，它们的结构与质量还不能有效适应我们的需求，供需不匹配，所以才需要在供给侧进行改革。具体来说，今天我们很多的生产要素，一方面，被集中在产能过剩的领域，导致低效率；另一方面，由于诸多限制，无法进入到很多行业领域，导致资源的闲置和浪费。这种资源的配置状况和生产状况，无法满足人们日益增长的美好生活需要，无法有效满足新兴产业的发展需求，无法有效满足大量基本公共服务需求。这种情况不应持续，必须把生产要素从产能过剩的、增长空间有限的产业中释放出来，转移到满足美好生活需求、消费需求、新兴产业发展需求以及公共服务需求的领域，并且提高生产要素的供给效率、降低供给成本。所以，十九大报告提出，要把提高供给体系质量作为主攻方向，显著增强我国经济质量优势。在中高端消费、创新引领、绿色低碳、共享经济、现代供应链、人力资本服务等领域培育新增长点、形成新动能。坚持去产能、去库存、去杠杆、降成本、补短板，优化存量资源配置，扩大优质增量供给，实现供需动态平衡。

二　政治建设

党的十八大以来，在政治发展道路方面，我们更为强调自主探索，绝不能照抄照搬。2013年10月，习近平总书记在莫斯科国际关系学院演讲时生动地指出："我们主张，各国和各国人民应该共同享受尊严。要坚持国家不分大小、强弱、贫富一律平等，尊

重各国人民自主选择发展道路的权利,反对干涉别国内政,维护国际公平正义。'鞋子合不合脚,自己穿了才知道'。一个国家的发展道路合不合适,只有这个国家的人民才最有发言权。"①十九大报告也强调:"中国特色社会主义政治发展道路,是近代以来中国人民长期奋斗历史逻辑、理论逻辑、实践逻辑的必然结果,是坚持党的本质属性、践行党的根本宗旨的必然要求。世界上没有完全相同的政治制度模式,政治制度不能脱离特定社会政治条件和历史文化传统来抽象评判,不能定于一尊,不能生搬硬套外国政治制度模式。"②

新时代的政治建设包含诸多内容,习近平总书记尤其重视推进全面依法治国与发展社会主义协商民主。

---

① 《十八大以来重要文献选编》(上),中央文献出版社2014年版,第260页。

② 《决胜全面建成小康社会 夺取新时代中国特色社会主义伟大胜利》,人民出版社2017年版,第36页。

推进全面依法治国实践，建设中国特色社会主义法治体系，建设社会主义法治国家。现代法治的基本理念是保障公民权利，所以习近平总书记强调："我们要依法保障全体公民享有广泛的权利，保障公民的人身权、财产权、基本政治权利等各项权利不受侵犯，保证公民的经济、文化、社会等各方面权利得到落实。"①

一方面，要保障公民权利，各级领导机关与领导干部必须树立现代法治思维。正是在这个意义上，总书记才强调："各级领导机关和领导干部要提高运用法治思维和法治方式的能力，努力以法治凝聚改革共识、规范发展行为、促进矛盾化解、保障社会和谐。"②十九大报告明确指出："各级党组织和全体党员要带头尊法学法守法用法，任何组织和个人都不得有超越宪法法律的特权，绝不允许以言代法、以权压

---

① 《习近平谈治国理政》第一卷，外文出版社2018年版，第141页。
② 《习近平谈治国理政》第一卷，外文出版社2018年版，第145页。

法、逐利违法、徇私枉法。"①如果领导机关、领导干部尤其是公检法机关人员缺乏现代的法治理念,是无法有效保障公民权利的。

另一方面,要保障公民权利,就要推进司法体制的改革。党的十八届三中全会提出,要确保依法独立公正行使审判权检察权。特别是要推动省以下地方法院、检察院人财物统一管理,探索建立与行政区划适当分离的司法管辖制度,保证国家法律统一正确实施。健全司法权力运行机制。优化司法职权配置,健全司法权力分工负责、互相配合、互相制约机制,加强和规范对司法活动的法律监督和社会监督。改革审判委员会制度,完善主审法官、合议庭办案责任制,让审理者裁判、由裁判者负责。明确各级法院职能定位,规范上下级法院审级监督关系。

充分发挥社会主义协商民主重要作用。有事好商量,众人的事情由众人商量,是人民民主的真谛。

---

① 《决胜全面建成小康社会 夺取新时代中国特色社会主义伟大胜利》,人民出版社2017年版,第39页。

第五章　新时代改革的具体部署

协商民主是实现党的领导的重要方式，是我国社会主义民主政治的特有形式和独特优势。西方国家强调选举民主，我们国家在某些领域放开选举，但更为强调协商民主。西方国家的选举民主形式上是公民投票，但实际上在这些国家，大的垄断财团控制媒体、影响舆论，决定候选人乃至决定谁能够最终上台执政。我们作为社会主义国家绝不能这样搞。特别是，绝不能把民主完全无视条件地理想化。对于一个尚处于现代化进程中的国家而言，如果无视现实的利益矛盾与价值分歧，完全放开选举的话，一般而言没有很好的结果，反而有可能导致政局动荡、政权更迭、社会混乱。当今世界上并不乏这样选举失败的发展中国家。

社会主义协商民主更为符合我们的国情：在党的领导下，各个党派、各个团体、各种力量、利益相关方就立法、政策制定、问题化解进行协商，谋求共识，追求最大的利益公约数，其具有稳定性、可控性、建设性，切实中国实际，代表了中国民主的方向与趋势。十九大报告也强调："要推动协商民主广

泛、多层、制度化发展,统筹推进政党协商、人大协商、政府协商、政协协商、人民团体协商、基层协商以及社会组织协商。加强协商民主制度建设,形成完整的制度程序和参与实践,保证人民在日常政治生活中有广泛持续深入参与的权利。"①

三　文化建设

中华民族的伟大复兴一方面需要依靠经济、军事、科技等硬实力,另一方面也需要依靠文化软实力。文化是一个国家、一个民族的灵魂。文化兴国运兴,文化强民族强。没有高度的文化自信,没有文化的繁荣兴盛,就没有中华民族伟大复兴。一定意义上甚至可以说,文化软实力提升是实现中华民族伟大复兴的灵魂和内核。**如果我们在世界范围内、全球化语境下提不出有影响的文化理念与价值观,就无法跳出**

---

① 《决胜全面建成小康社会　夺取新时代中国特色社会主义伟大胜利》,人民出版社2017年版,第38页。

第五章　新时代改革的具体部署

西方话语霸权，就会处于失语与挨骂状态。

在文化建设领域的诸多内容中，党的十八大以来，习近平总书记特别强调以下两点：

一是牢牢掌握意识形态工作领导权。意识形态工作是党的一项极端重要的工作，关乎旗帜、关乎道路、关乎国家政治安全，在党和国家事业发展中具有根本性、战略性、全局性的地位和意义，对推动社会主义文化前进方向和发展道路起决定性作用。近年来，思想分化态势明显，主流舆论与错误思潮的交锋持续不断，一些错误思潮以各种形式混淆视听，整个意识形态领域斗争形势错综复杂。针对于此，**必须深刻认识新时代加强意识形态工作的重要性，切实把思想统一到党中央关于意识形态安全的决策部署上来，在大是大非问题上敢于发声，在思想交锋中敢于亮剑。**

二是要推进国际传播能力建设，讲好中国故事，努力提高国际话语权。为什么特别强调提高国际话语权？根本原因就在于，改革开放以来，我国发展成就

非常巨大,但国际话语权不够,外宣工作效果需要进一步提高。当前国际舆论格局是西强我弱,西方主要媒体左右世界舆论。在这样的舆论格局中,正如习近平总书记所指出的:"我们往往有理说不出,或者说了传不开。"①虽然经过一段时间的努力,这种局面有所改变,国际上关于中国的正面、肯定的舆论有所上升,但负面舆论依然不少。"中国威胁论""中国强硬论""中国傲慢论""中国掠夺论""中国不负责任论""中国搭便车论""中国失败论""中国崩溃论"等奇谈怪论不绝于耳。针对于此,我们必须精心构建对外话语体系,发挥好新兴媒体作用,增强对外话语的创造力、感召力、公信力,讲好中国故事,传播好中国声音,阐释好中国特色,做好外宣工作。

---

① 张峰:《跟习近平总书记学讲中国故事》,《人民论坛》2015年第25期。

四 社会建设

社会领域的建设对于社会主义而言具有特殊重要的意义,社会主义的发展与优越性最终要通过社会建设来体现。带领人民创造美好生活,是我们党始终不渝的奋斗目标。在新时代,必须始终把人民利益摆在至高无上的地位,让改革发展成果更多更公平惠及全体人民,朝着实现全体人民共同富裕不断迈进。

对于新时代的社会建设,在三个方面尤其需要着力推进:

一是推进社会公平,形成合理有序的收入分配格局。习近平总书记强调:"我国经济发展的'蛋糕'不断做大,但分配不公问题比较突出……为此,我们必须坚持发展为了人民、发展依靠人民、发展成果由人民共享,作出更有效的制度安排,使全体人民朝着共同富裕方向稳步前进,绝不能出现'富者累巨万,而贫者食糟糠'的现象。"[①]在此方面,我们应采取

---

① 习近平:《在党的十八届五中全会第二次全体会议上的讲话》,《求是》2016年第1期。

以下举措：着重保护劳动所得，努力实现劳动报酬增长和劳动生产率提高同步，提高劳动报酬在初次分配中的比重。健全工资决定和正常增长机制，完善最低工资和工资支付保障制度，完善企业工资集体协商制度。改革机关事业单位工资和津贴补贴制度，完善艰苦边远地区津贴增长机制。健全资本、知识、技术、管理等由要素市场决定的报酬机制。扩展投资和租赁服务等途径，优化上市公司投资者回报机制，保护投资者尤其是中小投资者合法权益，多渠道增加居民财产性收入。完善以税收、社会保障、转移支付为主要手段的再分配调节机制，加大税收调节力度。建立公共资源出让收益合理共享机制。完善慈善捐助减免税制度，支持慈善事业发挥扶贫济困积极作用。规范收入分配秩序，完善收入分配调控体制机制和政策体系，建立个人收入和财产信息系统，保护合法收入，调节过高收入，清理规范隐性收入，取缔非法收入，增加低收入者收入，扩大中等收入者比重，努力缩小城乡、区域、行业收入分配差距，逐步形成橄榄型分配格局。

二是创新社会治理体制。要改进社会治理方式。坚持系统治理，加强党委领导，发挥政府主导作用，鼓励和支持社会各方面参与，实现政府治理和社会自我调节、居民自治良性互动。坚持依法治理，加强法治保障，运用法治思维和法治方式化解社会矛盾。坚持综合治理，强化道德约束，规范社会行为，调节利益关系，协调社会关系，解决社会问题。坚持源头治理，标本兼治、重在治本，以网格化管理、社会化服务为方向，健全基层综合服务管理平台，及时反映和协调人民群众各方面各层次利益诉求。要激发社会组织活力。正确处理政府和社会关系，加快实施政社分开，推进社会组织明确权责、依法自治、发挥作用。适合由社会组织提供的公共服务和解决的事项，交由社会组织承担。支持和发展志愿服务组织。限期实现行业协会、商会与行政机关真正脱钩，重点培育和优先发展行业协会商会类、科技类、公益慈善类、城乡社区服务类社会组织，成立时直接依法申请登记。加

强对社会组织和在华境外非政府组织的管理,引导它们依法开展活动。要创新有效预防和化解社会矛盾体制。健全重大决策社会稳定风险评估机制。建立畅通有序的诉求表达、心理干预、矛盾调处、权益保障机制,使群众问题能反映、矛盾能化解、权益有保障。

三是维护国家安全。国家安全是安邦定国的重要基石,维护国家安全是全国各族人民根本利益所在。在这一方面,**党的十八大以来,党中央有一个重大的理论创新**,那就是提出了**总体国家安全观**。坚持总体国家安全观,就是必须坚持国家利益至上,以人民安全为宗旨,以政治安全为根本,统筹外部安全和内部安全、国土安全和国民安全、传统安全和非传统安全、自身安全和共同安全,完善国家安全制度体系,加强国家安全能力建设,坚决维护国家主权、安全、发展利益。这一理论创新意义十分重大,只有以这样一种深化的认识为基础,现实的政策制定才可能具有科学性。

五 生态文明建设

我们要建设的现代化是人与自然和谐共生的现代化，既要创造更多物质财富和精神财富以满足人民日益增长的美好生活需要，也要提供更多优质生态产品以满足人民日益增长的优美生态环境需要。必须坚持节约优先、保护优先、自然恢复为主的方针，形成节约资源和保护环境的空间格局、产业结构、生产方式、生活方式，还自然以宁静、和谐、美丽。

在生态文明建设领域，一要推进绿色发展。加快建立绿色生产和消费的法律制度和政策导向，建立健全绿色低碳循环发展的经济体系。构建市场导向的绿色技术创新体系，发展绿色金融，壮大节能环保产业、清洁生产产业、清洁能源产业。二要着力解决突出环境问题。坚持全民共治、源头防治，持续实施大气污染防治行动，打赢蓝天保卫战。加快水污染防治，实施流域环境和近岸海域综合治理。强化土壤污染管控和修复。提高污染排放标准，强化排污者责

任，健全环保信用评价、信息强制性披露、严惩重罚等制度。构建政府为主导、企业为主体、社会组织和公众共同参与的环境治理体系。三要加大生态系统保护力度。实施重要生态系统保护和修复重大工程，优化生态安全屏障体系，构建生态廊道和生物多样性保护网络，提升生态系统质量和稳定性。完成生态保护红线、永久基本农田、城镇开发边界三条控制线划定工作。严格保护耕地，扩大轮作休耕试点，健全耕地草原森林河流湖泊休养生息制度，建立市场化、多元化生态补偿机制。四要改革生态环境监管体制。加强对生态文明建设的总体设计和组织领导，设立国有自然资源资产管理和自然生态监管机构，完善生态环境管理制度，统一行使全民所有自然资源资产所有者职责，统一行使所有国土空间用途管制和生态保护修复职责，统一行使监管城乡各类污染排放和行政执法职责。构建国土空间开发保护制度，完善主体功能区配套政策，建立以国家公园为主体的自然保护地体系。坚决制止和惩处破坏生态环境行为。

总书记在广东视察时也强调要深入抓好生态文明建设，统筹山水林田湖草系统治理，深化同香港、澳门生态环保合作，加强同邻近省份开展污染联防联治协作，补上生态欠账。

当前，生态文明建设领域的重点任务与难点问题，就是把已有的生态理念、生态思路具体化、制度化、法治化，使其有效落地，解决问题。生态文明建设的重要意义无需赘言，生态文明建设的基本理念与思路也不难理解，但是如何将之有效地具体化、制度化、法治化，有效平衡各种各样、各方面的复杂利益关系，是需要认真考虑并切实解决的问题。习近平总书记强调："只有实行最严格的制度、最严密的法治，才能为生态文明建设提供可靠保障。"[①]党的十八届三中全会通过的《中共中央关于全面深化改革若干重大问题的决定》也指出："建设生态文明，必须建立系统完整的生态文明制度体系，实行最严格的源头

---

① 《习近平谈治国理政》第一卷，外文出版社2018年版，第210页。

保护制度、损害赔偿制度、责任追究制度，完善环境治理和生态修复制度，用制度保护生态环境。"

六 国防军事建设

我国要在2020年全面建成小康社会，在本世纪中叶还要建成富强民主文明和谐美丽的社会主义现代化强国。宏大的理想愿景能否实现，外部的国际环境非常重要。对于**未来我国面临的整体国际环境，可以用一句话概括：将会保持基本稳定，但也将面临巨大的挑战与压力**。之所以说会保持基本稳定，一是因为随着中国经济的不断发展，中国的国际地位不断提高，与其他国家和地区包括美国、欧盟、日本等具有了越来越多的共同利益。"一荣俱荣、一损俱损"的共同利益因素、中国经济的强大吸附力、其他国家对中国经济的借重使得我们将来保持一个整体比较稳定的外部环境有了可能。二是因为现在美国虽然有意遏制中国，但其在国内外也面临诸多问题，在遏制中国上受到很大限制。但同时也要看到,在当前及今后的发展中,我们也将面临巨大的外部挑战与压力。

首先,美国对中国遏制的姿态更加明显。2011年美国反恐任务告一段落后,采取"积极介入、强化主导、软硬兼施"的外交策略,高调重返亚太,一方面巩固和加强与传统盟国的军事关系,另一方面拉拢与中国存在矛盾、纷争的某些国家。从更广阔的视野来看,中国在发展,美国在衰落,一个在崛起,一个想控制,两者的摩擦以后肯定不会少。美国这种逐渐形成的对中国的全面遏制将会使得中国的外部环境面临更为复杂的挑战,并且这种挑战将是长期的。

其次,我们还面临同周边国家领土领海的争端问题。

再次,纵观近现代世界历史,大国的崛起往往伴随着战争。在一定历史时期内,世界的资源是有限的,一个国家崛起往往就意味着另一个国家的衰落,资源的争夺最后有可能通过国家间的战争来解决,这种可能性并不能排除。

正是基于这种现实的挑战,党的十九大才强调要坚持走中国特色强军之路,全面推进国防和军队现代化。2018年10月25日,习近平总书记在广东考察时专门来到南部战区视察。他强调,要强化使命担当,坚决破除和平积弊,集中精力推进备战打仗工作。要充分考虑各种复杂情况,完善各种应对预案。要大抓实战化军事训练,加强指挥训练和联合训练,加强检验性、对抗性训练,提高练兵备战质量和水平。

新时代,国防和军队建设正站在新的历史起点上。面对国家安全环境的深刻变化,面对强国强军的时代要求,必须全面贯彻新时代党的强军思想,贯彻新形势下的军事战略方针,建设强大的现代化陆军、海军、空军、火箭军和战略支援部队,打造坚强高效的战区联合作战指挥机构,构建中国特色现代作战体系,担当起党和人民赋予的新时代使命任务。十九大报告特别强调:"军队是要准备打仗的,一切工作都必须坚持战斗力标准,向能打仗、打胜仗聚焦。扎实做好各战略方向军事斗争准备,统筹推进传统安全领域和新型安全领域军事斗争准备，发展新型作战力量和保障力量，开展实战化军事训练，加强军事力量运用，加快军事智能化发展，提高基于网络信息体系的联合作战能力、全域作战能力，有效塑造态势、管控危机、遏制战争、打赢战争。""组建退役军人管理保障机构，维护军人军属合法权益，让军人成为全社会尊崇的职业。"[①]新时代的强军总体目标是："适应世界新军事革命发展趋势和国家安全需求，提高建设质量和效益，确保到二〇二〇年基本实现机械化，信息化建设取得重大进展，战略能力有大的提升。同国家现代化进程相一致，全面推进军事理论现代化、军队组织形态现代化、军事人员现代化、武器装备现代化，力争到二〇三五年基本实现国防和军队现代化，到本世纪中叶把人民军队全面建成世界一流军队。"[②]

---

① 《决胜全面建成小康社会　夺取新时代中国特色社会主义伟大胜利》，人民出版社2017年版，第54页。

② 《决胜全面建成小康社会　夺取新时代中国特色社会主义伟大胜利》，人民出版社2017年版，第53页。

七　祖国统一大业

按照党的十九大确定的目标任务，我们要在本世纪中叶建成现代化强国，实现中华民族伟大复兴。但如果两岸尚处于分裂状态，怎么能够谈得上中华民族的伟大复兴呢？不统一何谈复兴？解决台湾问题、实现祖国完全统一，是全体中华儿女的共同愿望，是中华民族根本利益所在，是实现中华民族伟大复兴的必然要求。

党的十九大报告充分肯定了过去五年以习近平同志为核心的党中央对台工作取得的新进展，在深刻总结十八大以来对台工作理论和实践创新的基础上，提出了今后一个时期对台工作的指导思想、重要理念、目标任务、原则方针和主要措施，从战略全局高度对台工作作出部署，集中反映了习近平总书记推进祖国统一大业的新理念新主张新要求。

两岸关系的政治基础必须维护。一个中国原则是两岸关系的政治基础。体现一个中国原则的"九二共识"明确界定了两岸关系的根本性质,是确保两岸关系和平发展的关键。承认"九二共识"的历史事实,认同两岸同属一个中国,两岸双方就能开展对话,协商解决两岸同胞关心的问题,台湾任何政党和团体同大陆交往也不会存在障碍。

深化两岸经济社会融合发展,增强对两岸命运共同体的认知。两岸同胞是命运与共的骨肉兄弟,是血浓于水的一家人。我们秉持"两岸一家亲"理念,尊重台湾现有的社会制度和台湾同胞生活方式,愿意率先同台湾同胞分享大陆发展的机遇。我们将扩大两岸经济文化交流合作,实现互利互惠,逐步为台湾同胞在大陆学习、创业、就业、生活提供与大陆同胞同等的待遇,增进台湾同胞福祉。我们将推动两岸同胞共同弘扬中华文化,促进心灵契合。

划出红线,坚决反对形形色色的"台独"活动。我们坚决维护国家主权和领土完整,绝不容忍国家分裂的历史悲剧重演。一切分裂祖国的活动都必将遭到全体中国人坚决反对。我们有坚定的意志、充分的信

心、足够的能力挫败任何形式的"台独"分裂图谋。我们绝不允许任何人、任何组织、任何政党,在任何时候、以任何形式、把任何一块中国领土从中国分裂出去!

八 外交工作

世界正处于大发展大变革大调整时期,和平与发展仍然是时代主题。世界多极化、经济全球化、社会信息化、文化多样化深入发展,全球治理体系和国际秩序变革加速推进,各国相互联系和依存日益加深,国际力量对比更趋平衡,和平发展大势不可逆转。同时,世界面临的不稳定性不确定性突出,世界经济增长动能不足,贫富分化日益严重,地区热点问题此起彼伏,恐怖主义、网络安全、重大传染性疾病、气候变化等非传统安全威胁持续蔓延,人类面临许多共同挑战。党的十八大以来,面对复杂多变的国际形势,以习近平同志为核心的党中央审时度势,外交展现出新思路、新气象、新格局。

明确外交角色定位。正确的外交战略首先要明确自身在整个世界中的角色定位。习近平指出:"所谓正确角色观,就是不仅要冷静分析各种国际现象,而且要把自己摆进去,在我国同世界的关系中看问题,弄清楚在世界格局演变中我国的地位和作用,科学制定我国对外方针政策。"[1]新时代,中国与世界的关系已经发生了历史性变化,中国对世界的影响不断加深,世界对中国的影响也在不断加深。中国的发展,离不开和平的国际环境和稳定的国际秩序,离不开各国人民的理解、支持、帮助。同时,中国的发展必将给各国创造更多机遇,必将更好促进世界和平与发展。习近平总书记指出,中国要坚定不移做和平发展的实践者、共同发展的推动者、多边贸易体制的维护者、全球经济治理的参与者。

注重外交顶层设计。这种宏观性的战略顶层设

---

[1] 《习近平:努力开创中国特色大国外交新局面》,新华网,2018年6月23日。

计涉及大国外交、周边外交、与发展中国家的外交等各个层面。大国外交要构建新型大国关系：一是不冲突、不对抗。客观理性看待彼此战略意图，做伙伴、不做对手；通过对话合作而非对抗冲突的方式，妥善处理矛盾分歧。二是相互尊重。尊重各自选择的社会制度和发展道路，尊重彼此核心利益和重大关切，求同存异，包容互鉴，共同进步。三是合作共赢。摒弃零和思维，在追求自身利益时兼顾对方利益，在寻求自身发展时促进共同发展，不断深化利益交融格局。周边外交的基本方针是坚持与邻为善、以邻为伴，坚持睦邻、安邻、富邻，突出体现亲、诚、惠、容的理念。与发展中国家合作，要坚持正确义利观，义利并举、以义为先，做到义利兼顾，讲信义、重情义、扬正义、树道义。同时，要秉持真实亲诚理念。此外，外交顶层设计还包括积极发展全球伙伴关系，扩大同各国的利益交汇点；加强同各国政党和政治组织的交流合作，推进人大、政协、军队、地方、人民团体等的对外交往。

追求外交普惠共赢。中国发展绝不以牺牲别国利益为代价，我们绝不做损人利己、以邻为壑的事情。中国坚持对外开放的基本国策，坚持打开国门搞建设，积极促进"一带一路"国际合作，努力实现政策沟通、设施联通、贸易畅通、资金融通、民心相通，打造国际合作新平台，增添共同发展新动力。加大对发展中国家特别是最不发达国家援助力度，促进缩小南北发展差距。中国秉持共商共建共享的全球治理观，倡导国际关系民主化，坚持国家不分大小、强弱、贫富一律平等，支持联合国发挥积极作用，支持扩大发展中国家在国际事务中的代表性和发言权。党的十九大报告也指出："我们呼吁，各国人民同心协力，构建人类命运共同体，建设持久和平、普遍安全、共同繁荣、开放包容、清洁美丽的世界。要相互尊重、平等协商，坚决摒弃冷战思维和强权政治，走对话而不对抗、结伴而不结盟的国与国交往新路。要坚持以对话解决争端、以协商化解分歧，统筹应对传统和非传统安全威胁，反对一切形式的恐怖主义。要

同舟共济，促进贸易和投资自由化便利化，推动经济全球化朝着更加开放、包容、普惠、平衡、共赢的方向发展。要尊重世界文明多样性，以文明交流超越文明隔阂、文明互鉴超越文明冲突、文明共存超越文明优越。要坚持环境友好，合作应对气候变化，保护好人类赖以生存的地球家园。"①

宣示外交容忍底线。中国坚持走和平发展道路，但决不能放弃我们的正当权益，决不能牺牲国家核心利益。任何外国不要指望我们会拿自己的核心利益做交易，不要指望我们会吞下损害我国主权、安全、发展利益的苦果。

---

① 《决胜全面建成小康社会　夺取新时代中国特色社会主义伟大胜利》，人民出版社2017年版，第58—59页。

第六章 新时代改革的政治保障
DILIUZHANG

全面从严治党由党的特质所决定，也是形势使然。新时代全面从严治党的逻辑思路是：以政治建设为统领，从转变作风入手，通过反腐败发力，用制度做保障，以领导干部为关键，以坚定理想信念宗旨为根基，以全面增强执政本领为紧要，系统谋划，固本培元，标本兼治。

第六章　新时代改革的政治保障

中国共产党是中国改革发展的领导力量，是中国唯一的执政党，党的建设如何关系到新时代的使命能否承担、布局能否落实、部署能否实现，作为极为关键。正如党的十九大报告指出的："中国特色社会主义进入新时代，我们党一定要有新气象新作为。打铁必须自身硬。党要团结带领人民进行伟大斗争、推进伟大事业、实现伟大梦想，必须毫不动摇坚持和完善党的领导，毫不动摇把党建设得更加坚强有力。"[①]

一　新时代全面从严治党的必然要求

1. 全面从严治党由中国共产党作为马克思主义使命型政党的特质所决定

中国共产党是一个先进的马克思主义使命型政党。所谓马克思主义使命型政党，是指以马克思主义

[①]　《决胜全面建成小康社会　夺取新时代中国特色社会主义伟大胜利》，人民出版社2017年版，第61页。

为指导，以对人类社会发展规律的认知与把握为前提，以追求与实现广大人民群众的利益、权利与自由全面发展为价值宗旨，以实现民族、国家的解放或发展为自觉使命，以推进世界大同、实现共产主义为最终使命，具有强烈的历史主体意识与舍我其谁的责任担当情怀的政党类型。这一点，从马克思主义创始人的理论与实践直至今天中国共产党人的理论与实践都可以得到清晰明确的验证。在马克思、恩格斯为世界上第一个马克思主义政党——共产主义者同盟起草的政治纲领《共产党宣言》中，就已经明确规定了共产党人的历史使命。"他们没有任何同整个无产阶级的利益不同的利益。"[①]"共产党人可以把自己的理论概括为一句话：消灭私有制。"[②]"代替那存在着阶级和阶级对立的资产阶级旧社会的，将是这样一个联合体，在那里，每个人的自由发展是一切人的自由发

---

① 中共中央编译局译：《共产党宣言》，人民出版社1997年版，第40页。

② 中共中央编译局译：《共产党宣言》，人民出版社1997年版，第41页。

展的条件。"①

当然,在马克思主义政党发展史上,对于共产党人使命的认知有一个逐步时代化与国别化的过程,也即结合时代发展与具体国情对使命的具体化与再确定。但是,秉持人民至上的价值情怀,朝向未来、确定蓝图、承担使命、指引方向始终是马克思主义使命型政党的本质特征。正如十九大报告所讲的,不忘初心、牢记使命,使命呼唤担当,使命引领未来。中国共产党在这方面体现得尤为明显。这种朝向未来的蓝图设计不是仅仅着眼于眼前的现实问题,更是要超越当下,体现了一种宏大的理想与高远的抱负。这一点,不论在革命、建设还是在改革时期,都深深体现在中国共产党的理论与实践之中。

然而,理想越高远、目标越宏大也就意味着任务越艰巨,相应的困难与挑战越多,这对于承担重大使命的政党来说意味着必须加强自身建设、进行自我

---

① 中共中央编译局译:《共产党宣言》,人民出版社1997年版,第50页。

革命。如果不进行自我革命,不能长期有效保持先进性、纯洁性,党内派系林立、组织涣散、纪律废弛,缺乏凝聚力与战斗力,也就不能攻坚克难,自然也就缺乏承担使命的能力与资格。

首先,**作为马克思主义使命型政党要求全体党员必须具有明确的使命认知与强烈的使命意识**。就中国共产党而言,其作为一个典型的马克思主义使命型政党,具有三重使命:一是消灭私有制、阶级与阶级压迫,建立共产主义,实现每个人的解放与自由全面发展;二是对人类社会作出更大贡献,为解决人类问题贡献中国智慧和中国方案;三是实现中华民族的伟大复兴。没有这种对使命的明确认知与自觉意识,就谈不上自我革命的问题。

其次,**作为使命型政党还要求全体党员强化党性修养,具有崇高的德性以及正确的世界观、人生观与价值观**。就底线而言,不谋私、不堕落、不腐化,不计个人名利得失。进而言之,具有高度的斗争精神、奉献精神乃至自我牺牲精神。如果没有"革命理想高于天""为有牺牲多壮志,敢教日月换新天"的豪情壮志与为民情怀,没有那种持之以恒、日久弥坚的精神意志,是无法承担伟大使命的。为使命而牺牲、为人民而奉献,是使命型政党成员生命的价值与意义所在。换言之,承担使命要求政党成员在灵魂深处的自我革命、自我净化与自我升华。

再次,**作为使命型政党要求中国共产党必须用先进的思想理论来统一全党认识**。政党的领袖精英要有对社会或时代发展规律的深刻把握,继而形成先进的思想理论来指导全党的实践活动。强调对规律的把握与理论的指导是马克思主义使命型政党的重要特征。正如恩格斯指出的:我们党有个很大的优点,就是有一个新的科学的世界观作为理论的基础。正是由于马克思主义的指导及其不断地与时俱进,中国共产党才具有强大的理论自信。

最后,**作为使命型政党要求使命型政党必须加强组织建设**,既能有效集中全党力量,使大家"心往一处想、劲往一处使",以攻坚克难,又能充分发扬民

主,汇集群智。如同毛泽东指出的,我们的目标,是想造成一个又有集中又有民主,又有纪律又有自由,又有统一意志又有个人心情舒畅、生动活泼,那样一种政治局面。这种组织制度就是我们党一直强调的民主集中制。如果没有有效的组织建设,特别是集中、统一、权威、纪律匮乏,政党一盘散沙,那就更毋论其他了。邓小平曾指出:"我们这么大一个国家,怎样才能团结起来、组织起来呢?一靠理想,二靠纪律。组织起来就有力量。没有理想,没有纪律,就会像旧中国那样一盘散沙,那我们的革命怎么能够成功?我们的建设怎么能够成功?"[1]习近平总书记也强调:"我们这么大一个政党,靠什么来管好自己的队伍?靠什么来战胜风险挑战?除了正确理论和路线方针政策外,必须靠严明规范和纪律。"[2]

---

[1] 《邓小平文选》第三卷,人民出版社1993年版,第111页。
[2] 《习近平关于严明党的纪律和规矩论述摘编》,中国方正出版社、中央文献出版社2016年版,第5页。

2. 全面从严治党是由新时代面临的巨大问题与挑战所决定

党的十八大以来，中国特色社会主义进入了新时代。新时代既取得了巨大的历史性成就，也面临着新的严峻挑战。

对于新时代面临的问题挑战，可以从国际国内两个领域来认识。对于当前中国改革所面临的外部挑战与问题，可以归结为以下三个方面：第一，当前国际形势风云变幻、各种力量分化组合、此消彼长，各种外交上的突发事件、不可测因素大为增加。在这种情况下，怎样增强外交工作的前瞻性、系统性与针对性，掌握外交的主动权是对当前中国外交的一大挑战。第二，随着中国的不断发展，中国越来越深地融入全球化进程，与其他国家、地区的联系越来越密切，自身利益开始遍布全球。同时，随着中国实力的不断增强，国际社会也要求中国在国际事务中承担相应的责任。在这种情况下，中国在国际交往中如何认清自己的利益与责任，定位自己的角色，也是外交上

的一大现实问题。第三,中国的崛起已经是一个不争的事实,但在进一步的崛起过程中,还面临很大障碍:国际形势复杂多变,美国一直没有放弃对中国的全方位遏制,周边地区也不安定。这就要求我们针对这些外部的消极因素明确应对之策。

对当前国内改革发展中面临的问题和挑战,党的十九大报告阐述得非常明确。报告指出:"必须清醒看到,我们的工作还存在许多不足,也面临不少困难和挑战。主要是:发展不平衡不充分的一些突出问题尚未解决,发展质量和效益还不高,创新能力不够强,实体经济水平有待提高,生态环境保护任重道远;民生领域还有不少短板,脱贫攻坚任务艰巨,城乡区域发展和收入分配差距依然较大,群众在就业、教育、医疗、居住、养老等方面面临不少难题;社会文明水平尚需提高;社会矛盾和问题交织叠加,全面依法治国任务依然繁重,国家治理体系和治理能力有待加强;意识形态领域斗争依然复杂,国家安全面临新情况;一些改革部署和重大政策措施需要进一步落

第六章　新时代改革的政治保障

实；党的建设方面还存在不少薄弱环节。这些问题，必须着力加以解决。"①应该说，报告的阐述已可以充分说明新时代所面临问题与挑战的严峻性。我们现在处在经济发展方式转变的关键时期，处在协调收入分配的关键时期，处在意识形态整合的关键时期，处在生态文明建设的关键时期，处于治理方式转变的关键时期，处在民族复兴的关键时期。在这一关键时期，要想突破利益固化的藩篱、冲破思想观念的束缚、攻克体制机制上的顽瘴痼疾，实现改革的深化与再出发，执政党就必须以更大的政治勇气和智慧，不失时机深化重要领域改革。

不论是应对外部挑战也好，还是深化国内改革也好，都对执政党自身的能力和素质提出了更高的要求。如果没有深入的自我革命，领导能力与执政水平不足，执政党就无法适应当前的改革发展形势，无法推动新时代改革的再出发。

---

① 《决胜全面建成小康社会　夺取新时代中国特色社会主义伟大胜利》，人民出版社2017年版，第9页。

3. 全面从严治党是新时代党解决自身问题的内在要求

打铁必须自身硬。新时代，党要团结带领人民进行伟大斗争、推进伟大事业、实现伟大梦想，必须毫不动摇坚持和完善党的领导，毫不动摇把党建设得更加坚强有力。但是要看到，党还面临许多严峻挑战，党内还存在许多问题，必须下大力气解决。对于党自身所面临的问题，习近平总书记有非常明确而系统的论述。

在思想政治领域，党员干部在理想信念上遇到的纷扰是多重的。西方敌对势力一直妄图将我国纳入他们的价值体系，国内一些人与之遥相呼应，各种思想观念交锋碰撞异常激烈。面对纷纷扰扰的社会，一些党员和干部疑惑了、动摇了甚至蜕变了。有的认为马克思主义已经过时，共产主义越来越遥远，中国最终也会向西方资本主义靠拢。有的认为理想信念不能当饭吃，别太认真，过好自己的日子才是硬道理。部分党员干部理想信念不坚定，面对复杂社会现象思想困

第六章 新时代改革的政治保障

惑较多,创新进取精神不足,还有少数党员干部不信马列信鬼神。

组织建设领域,习近平总书记指出,一些人无视党的政治纪律和政治规矩,为了自己的所谓仕途,为了自己的所谓影响力,搞任人唯亲、排斥异己的有之,搞团团伙伙、拉帮结派的有之,搞匿名诬告、制造谣言的有之,搞收买人心、拉动选票的有之,搞封官许愿、弹冠相庆的有之,搞自行其是、阳奉阴违的有之,搞尾大不掉、妄议中央的也有之。

作风建设领域,党的十八大以来,从制定和执行中央八项规定开始,全党上下纠正"四风"取得重大成效,但相关问题在一定程度上仍然存在。习近平总书记在对新华社文章《形式主义、官僚主义新表现值得警惕》的批示中指出,文章反映的情况,看似新表现,实则老问题,再次表明"四风"问题具有顽固性、反复性。纠正"四风"不能止步,作风建设永远在路上。

制度建设领域,习近平总书记指出,我们的制度有

些还不够健全,已经有的铁笼子门没关上,没上锁。或者栅栏太宽了,或者栅栏是用麻秆做的,那也不行。现有制度都没执行好,再搞新的制度,可以预言也会是白搭。所以,一分部署还要九分落实。制定制度很重要,更重要的是抓落实。

反腐倡廉领域,十八大以来,我们坚持反腐败无禁区、全覆盖、零容忍,坚定不移"打虎""拍蝇""猎狐",不敢腐的目标初步实现,不能腐的笼子越扎越牢,不想腐的堤坝正在构筑,反腐败斗争压倒性态势已经形成并巩固发展,但反腐败斗争形势依然严峻复杂,巩固压倒性态势、夺取压倒性胜利的决心必须坚如磐石。

针对以上存在的诸多问题,作为马克思主义使命型政党,要有效应对危机和挑战,体现时代性和先进性,实现新时代改革的再出发,我们党就必须切实增强管党治党意识,治党既要全面,更要从严,自我革命之必要性、全面从严治党之紧迫性正在于此。2018年10月在广东考察时,习近平总书记也对广东提出了加强党的领导和党的建设的工作要求。要牢固树立"四个意识",坚定"四个自信",坚决维护党中央权威和集中统一领导。要严明政治纪律和政治规矩,落实新形势下党内政治生活若干准则,涵养风清气正的政治生态。要坚持正确选人用人导向,建设忠诚干净担当的高素质专业化干部队伍。要继续推进作风建设,整治各种隐形变异"四风"问题,防范商品交换原则向党内渗透,规范政商交往行为,加快构建亲清新型政商关系。

二 新时代确立领导核心的重大意义

党的十八届六中全会是在中国改革发展关键阶段召开的一次十分重要的会议。会议的重要性不仅仅体现在审议通过了《关于新形势下党内政治生活的若干准则》和《中国共产党党内监督条例》这两部重要的党内法规,尤其体现在明确了习近平同志在党内的领导核心地位,正式使用了"习近平同志为核心的党

中央"这一提法。明确习近平同志在党内的领导核心地位,是这次全会最为重大、最有意义的政治成果,对于新时代的中国改革必将产生极为深刻而长远的影响。

1. 作为一个先进的使命型政党,中国共产党的组织原则要求树立一个强有力的领导核心

正如上述,中国共产党作为一个马克思主义政党,本质上是一个先进的使命型政党。按照马克思主义政党的建党逻辑,所谓先进,有以下六层含义:

一是指工人阶级相比于小农、小手工业者、资产阶级等具有代表历史发展方向的阶级先进性。

二是指共产党员作为工人阶级先进分子的集合,在思想认识、能力水平与道德觉悟上应该比一般工人与其他群众先进。比如,中国共产党是中国工人阶级的先锋队,同时也是中国人民和中华民族的先锋队。

三是指党员中的领导干部在思想认识、能力水平与道德觉悟上应该比普通党员先进。领导干部作为先锋队中的先锋,比之于普通党员,他们应该具有更高程度的先进性和纯洁性。

四是指党员干部中的高级干部在思想认识、能力水平与道德觉悟上应该比一般领导干部先进。

五是指在党的高级干部中,党的领袖比之其他高级干部在思想认识、能力水平与道德觉悟上应该更为先进。

六是指在党的领袖中,党的最高领袖应该最为先进:理想信念应该最为坚定、思想认识应该最为深刻、实践活动应该最能担当。

换言之,就马克思主义建党逻辑而言,从其他阶级到工人阶级、从一般工人到共产党员、从普通党员到领导干部、从普通干部到高级干部、从高级干部到党的领袖、从党的诸多领袖再到党的最高领袖,存在一个在认知、德性、能力、素质等方面自下而上层层提升与递进的逻辑设定。按照这一逻辑预设,党的最高领袖自然居于金字塔的顶端,具有最高的核心性权威。正因如此,马克思主义政党一直强调领导干部特别是高级领导干部,尤其是党的领袖的高度榜

样示范作用。这一点与马克思主义的群众史观并不矛盾,马克思主义尽管承认人民群众是历史的创造者,但同时也承认伟大人物的显著历史作用。正如邓小平在谈到毛泽东时强调的:"集体领导并不排除某一个主要领导人的特殊作用,毛主席就是这样突出的典型。"①

2. 全面深化改革的艰巨复杂形势迫切需要执政党树立一个强有力的领导核心

纵观我们党的历史可以看到,真正的领导核心都是我们党在应对重大危机与挑战的过程中产生的,严峻复杂的形势和棘手难解的问题迫切需要一个强有力的领导核心来明确思路、凝聚力量、汇集共识,以力挽狂澜、化危为机,通过艰巨卓绝的努力开创党之伟大事业的新局面。对于这种核心权威的必要性,恩格斯曾以在风高浪急之大海上的航行做过形象比喻。"能最清楚地说明需要权威,而且是需要专断的权威

---

① 《邓小平思想年编》(一九七五——一九九七),中央文献出版社2011年版,第303页。

的，要算是在汪洋大海上航行的船了。那里，在危急关头，大家的生命能否得救，就要看所有的人能否立即绝对服从一个人的意志。"① 这一观点在我们党的历史上得到了很好的印证。中国共产党1921年成立后即致力于民族独立与人民解放的伟大革命事业，但是由于教条主义与机会主义等的影响，革命道路的探索艰辛而波折。可以说，直到确立了毛泽东在党内的领导核心地位，我们才真正找到一条适合中国国情的革命道路，即以农村包围城市，武装夺取政权，实现了马克思主义中国化的第一次历史性飞跃，探索形成了毛泽东思想，并最终取得了革命战争的胜利，建立了一个独立的现代民族国家。

  实际上，邓小平本人也是这样由时势造就的伟大历史人物。十年"文革"以后，百废待兴，逐渐形成的以邓小平为核心的中央领导集体解放思想、拨乱反正，果断停止了"以阶级斗争为纲"的错误路

---

① 《马克思恩格斯选集》第三卷，人民出版社1995年版，第226页。

线，把全党的工作重心转移到经济建设上来，作出了改革开放的伟大决策，开辟了有中国特色的社会主义道路，实现了党的历史上具有深远意义的伟大转折。正如江泽民同志高度评价的："如果没有邓小平同志，中国人民就不可能有今天的新生活，中国就不可能有今天改革开放的新局面和社会主义现代化的光明前景。"① 不仅邓小平本人作为改革开放的总设计师立下万世不朽之功勋，历经革命、建设、改革各个时期，经验丰富的邓小平对于领导核心在应对复杂危机、化解严峻挑战过程中的重大作用认识与体会也相当深刻。正如邓小平所说的："任何一个领导集体都要有一个核心，没有核心的领导是靠不住的。第一代领导集体的核心是毛主席。因为有毛主席作领导核心，'文化大革命'就没有把共产党打倒。第二代实际上我是核心。因为有这个核心，即使发生了两个领导人的变动，都没有影响我们党的领导，党的领导始

---

① 《十四大以来重要文献选编》（下），中央文献出版社2011年版，第365页。

第六章　新时代改革的政治保障

终是稳定的。"[①]

　　自以邓小平为核心的党的第二代领导集体开辟有中国特色的社会主义道路，中国的改革开放已有40年时间。迄至今日，中国的发展一方面取得了极为辉煌的成就，机遇前所未有；另一方面也面临着诸多的问题和复杂的形势，挑战前所未有。正因如此，习近平同志才强调，我们要坚持改革开放正确方向，敢于啃硬骨头，敢于涉险滩，既勇于冲破思想观念的障碍，又勇于突破利益固化的藩篱。李克强总理才强调，改革进入了深水区，也可以说是攻坚期，的确是因为它要触动固有的利益格局。现在触动利益往往比触及灵魂还难。

　　概而言之，可以说，今天中国的改革发展与现代化建设又到了继1978年改革大幕拉启，1992年社会主义市场经济体制建立之后的又一个新的关键期。在这一新飞跃的关键时期，改革必须全面深化，发展必须

[①]　《邓小平文选》第三卷，人民出版社1993年版，第310页。

转型升级,而当前改革推进的艰巨程度、敏感程度、复杂程度,丝毫都不亚于改革之初,甚至这一轮的改革所涉领域,以及深度和力度都将超越当年邓小平主导的改革开放,整体形势可谓是时间紧、任务重、问题多、挑战大、阻力强。而这就决定了现阶段的中国改革迫切需要一个强有力的党中央,一个强有力的领导核心来凝聚共识、整合力量、明确思路,带领全党与全国人民共克时艰,再创辉煌。

3. 确立核心权威有利于推动改革决策落实

对于今天的中国改革来说,形成明确的改革思路固然不易,但有效的贯彻落实尤为重要。正如习近平同志强调的,在贯彻落实上,要防止徒陈空文、等待观望、急功近利,必须有时不我待的紧迫意识和夙夜在公的责任意识抓实、再抓实。如果不沉下心来抓落实,再好的目标,再好的蓝图,也只是镜中花、水中月。确实,改革思路如不能有效落实,仅仅停留在文件中是没有多大意义的。而要使改革思路与布局真正贯彻落实,中央就必须有足够的权威。中央只有具有

第六章　新时代改革的政治保障

足够的权威，才能克服地方利益、部门利益与既得利益的阻力，通过督促推动改革决策真正落地。反思中国改革历程，中央权威不够并非一个新问题。1998年朱镕基就任国务院总理时曾对此发过感慨："我到国务院工作八个年头了，深刻地感到，出个主意是非常容易的。主意可以出得很多，可以天上地下，博古通今，引经据典；定个政策也不是很难，只要你虚心听取各部门的意见，群策群力，也可以出台一个好政策，但是要落实就难得很。那不是你写一大篇批示，下面就会照着做，根本不是那么回事，最难就在于落实。我八年来的体会，就是要办一件事，不开八次、十次会议就没法落实。如果发一个文件，能兑现20%就算成功了，不检查落实根本不行。……所以，同志们，要落实、落实、再落实，你的文件发下去以后，你不下去检查，没有多少人理你。"①国家总理如此强调，问题之严重可见一斑。但是，即使是一个老问

---

① 《朱镕基讲话实录》第三卷，人民出版社2011年版，第28—30页。

题,即使再难解决,这个问题今天也必须要正视、要解决,不然改革就无法深化,改革目标就难以如期实现。十八届六中全会明确习近平同志党内领导核心地位,实际上就是对以习近平同志为核心的党中央权威的进一步强化,而这无疑将有利于全党特别是各级领导干部进一步增强政治意识、大局意识、核心意识、看齐意识,层层传导压力、层层压实责任,加速推进实施既有的改革路线图。

4. 确立领导核心并不意味着过度集权

改革开放推进到今天,中国社会在很大程度上已经是一个现代社会,经济领域与社会领域的自主性不断增强,民主法治不断发展,民众日渐启蒙,今日之中国已经不再具备权力过分集中的现实基础。十八大以来,中央权力在某些方面确实在集中,但要看到,这种中央权力的集中是一种选择性集权。所谓选择性集权,并非权力的任意集中,而是指为全面深化改革所必需的权力中央必须要集中而决不能分散,如果本应集中在中央的权力分散到地方、部门乃至社

第六章　新时代改革的政治保障

会，既有的改革思路与决策部署就无法自上而下推动实施，顶层设计就会仅仅停留在理念层面。邓小平早就指出："我的中心意思是，中央要有权威。改革要成功，就必须有领导有秩序地进行。……我们要定一个方针，就是要在中央统一领导下深化改革。"① 现阶段中央权力集中的直接目的就是为了在攻坚阶段保障相关改革决策部署的充分有效落实。进而言之，十八大以来，在权力配置方面，不仅有中央的选择性集权，也有中央的选择性放权与分权。比如，十八届三中全会通过的《中共中央关于全面深化改革若干重大问题的决定》对推进市场化改革，大幅度减少政府对资源的直接配置的强调，对加强民主政治制度建设的强调，对加快实施政社分开，推进社会组织明确权责、依法自治、发挥作用的强调，实际上体现了向市场分权、向公民分权、向社会分权的改革思路。集权恰恰是为了更好地推进分权。只看到选择性集权

---

① 《邓小平文选》第三卷，人民出版社1993年版，第277—278页。

的一面，看不到选择性分权的一面，认识必然会片面化。再者，十八届三中全会强调指出，我们全面深化改革的总目标是完善和发展中国特色社会主义制度，推进国家治理体系和治理能力现代化。这一目标定位说明，未来中国改革与发展追求的是制度之治，而不是权力过度集中、依赖个人的治理模式。此外，习近平同志也多次公开表述自己的权力观，强调要加强对权力运行的制约和监督，把权力关进制度的笼子里，要求各级领导干部要牢固树立正确权力观，保持高尚精神追求，敬畏人民、敬畏组织、敬畏法纪，做到公正用权、依法用权、为民用权、廉洁用权，永葆共产党人拒腐蚀、永不沾的政治本色。这些论述充分表明了作为执政党的领导核心所具有的深刻认知和政治品格。综合以上各点，应对领导核心的确立持一种理性的理解和认知，避免不正确的误解、不合理的曲解。

5．十八大以来的治国理政充分显现了习近平作为全党领导核心的能力

《人民论坛》杂志曾刊发过一篇解读习近平《治

第六章　新时代改革的政治保障

国理政核心能力》的文章，认为习近平具有自信笃定的政治意志力、高瞻远瞩的全局掌控力、坚韧无畏的变革创造力、大气厚重的凝聚感召力等四大核心能力。确实，这四大核心能力在十八大以来的改革推进中得到了充分展现与有力证明。十八大以来，在理论方面，习近平同志发表了多次重要讲话，提出了一系列治国理政的新理念新思想新战略，是新时代中国特色社会主义思想的主要创立者和全面深化改革思路的顶层设计者。在实践中，习近平同志积极推动反腐倡廉、从严治党、健全民主、完善法治、改进民生、裁军整军，有效应对南海危机，实施"一带一路"合作倡议，积极参与全球治理等，确实开创了治国理政的崭新局面，取得了辉煌成就。就此而言，习近平又是今天改革的督促者和推动者。换言之，习近平既是今天中国改革方案的设计者，又是今天改革方案的执行者，一身兼两个角色。国外很多政要、学者对习近平所展现的这种领导核心能力也给予高度评价，称他"像毛泽东或邓小平""领导力前所未有""继邓小

平之后最具转型色彩的中国领导人""中国新一轮革新的中心人物"。国内的成就、公众的认可、国外的赞誉,所有这些都说明一条:核心源自一系列实实在在的能力,实实在在的行动,实实在在的成果,实实在在的众望所归。可以说,习近平同志在新的伟大斗争实践中,事实上已经成为党中央的核心、全党的核心。

6.作为核心意味着更大责任

党中央的核心,全党的核心,核心的身份意味着更大的权力;同样,也意味着更大的责任,更重的担当;意味着习近平把个人命运与党、国家、民族、人民的命运更紧密地联系在一起。十八大以来,习近平同志多次谈到责任担当的问题,反复强调要有使命意识、担当意识,担当起该担当的责任,要把使命放在心上、把责任扛在肩上。正如习近平所说的:"责任重于泰山,事业任重道远。我们一定要始终与人民心心相印、与人民同甘共苦、与人民团结奋斗,夙夜在公,勤勉工作,努力向历史、向人民交出一份合格的答卷。"[1]实际上，今天以习近平同志为核心的党中央是在肩负历史重任前行。既然如此，在改革攻坚的形势下，我们全党更要紧密团结在以习近平同志为核心的党中央周围，统一意志、统一行动、步调一致，共担责任、共对挑战、共同奋斗！这是每一个共产党员不可推卸的责任与义务！

三 新时代全面从严治党的战略思路

深入总结党的十八大以来党建的具体做法，结合习近平总书记的系列讲话，可以看到，**新时代党中央是以这样一种思路推进全面从严治党的：以政治建设为统领，从转变作风入手，通过反腐败发力，用制度做保障，以领导干部为关键，以坚定理想信念宗旨为根基，以全面增强执政本领为紧要，系统谋划，固本培元，标本兼治。**

以政治建设为统领。党的十八大以来，习近平总

---

[1] 《习近平谈治国理政》第一卷，外文出版社2018年版，第5页。

书记多次强调政治规矩、政治纪律、政治立场、政治方向,党的十九大报告将其总称为政治建设。把党的政治建设摆在首位。旗帜鲜明讲政治是我们党作为马克思主义政党的根本要求。党的政治建设是党的根本性建设,决定党的建设方向和效果。保证全党服从中央,坚持党中央权威和集中统一领导,是党的政治建设的首要任务。全党要坚定执行党的政治路线,严格遵守政治纪律和政治规矩,在政治立场、政治方向、政治原则、政治道路上同党中央保持高度一致。

之所以把政治建设作为统领,主要有两点原因:一是在新时代完成使命的必然要求。新时代我们要实现民族复兴的伟大使命,但面临的难题众多、挑战严峻,就此而言,要实现使命就要攻坚克难,而要攻坚克难,党就必须具有战斗力,而要具有战斗力,就必须要强调政治建设。如果不讲政治,党内作风涣散、纪律松弛,执政党就没有战斗力,就不能攻坚克难,就不能担负使命。二是针对党员干部中存在的违背政治规矩、政治纪律的问题与现象而讲的,现实针对性非常明显。习近平总书记对此有过明确论述:"中央强调政治纪律并不是无的放矢。"[①]"从近年来查处的高级干部严重违纪违法案件特别是周永康、薄熙来、徐才厚、令计划、苏荣等案件看,破坏党的政治纪律和政治规矩问题非常严重,务必引起重视。这些人权力越大、位置越重要,越不拿党的政治纪律和政治规矩当回事儿,甚至到了肆无忌惮、胆大包天的地步!"[②]就此而言,全面从严治党必须把政治建设摆在首位,自觉维护党中央权威,坚决防止和反对个人主义、分散主义、自由主义、本位主义、好人主义,坚决防止和反对宗派主义、圈子文化、码头文化,坚决反对搞两面派、做两面人。

从转变作风入手。习近平总书记明确指出,工作作风上的问题绝非小事,如不坚决纠正不良风气,任

[①] 《习近平关于严明党的纪律和规矩论述摘编》,中国方正出版社、中央文献出版社2016年版,第30页。

[②] 《习近平谈治国理政》第二卷,外文出版社2017年版,第155页。

其发展,就会像一座无形的墙把党和人民群众隔开,党就会失去根基、失去血脉、失去力量。党的十八大以后中央迅即出台"八项规定",强调领导干部要改进会风、改进文风、改进作风,并且是从上做起,以上率下。随后开展的群众路线教育实践活动与"三严三实"专题教育,所针对的也都是作风问题。

全面从严治党之所以从转变作风入手是因为:其一,作风问题长时间以来群众反映最为强烈,所谓"门难进、脸难看、事难办"等现象较为普遍存在。这些问题必须要切实解决好,要取信于民,服务于民。其二,相比其他体制性的深层次难题,作风问题的解决难度相对较小,更容易见效,新一届中央领导更容易树立自身改革发展的威信。党的十九大报告也强调:"凡是群众反映强烈的问题都要严肃认真对待,凡是损害群众利益的行为都要坚决纠正。坚持以上率下,巩固拓展落实中央八项规定精神成果,继续整治'四风'问题,坚决反对特权思想和特权现象。重点强化政治纪律和组织纪律,带动廉洁纪律、群众纪律、工作纪律、生活纪律严起来。坚持开展批评和自我批评，坚持惩前毖后、治病救人，运用监督执纪'四种形态'，抓早抓小、防微杜渐。赋予有干部管理权限的党组相应纪律处分权限，强化监督执纪问责。加强纪律教育，强化纪律执行，让党员、干部知敬畏、存戒惧、守底线，习惯在受监督和约束的环境中工作生活。"①

通过反腐败发力。习近平总书记强调："从严治党，惩治这一手决不能放松。要坚持'老虎'、'苍蝇'一起打。"②"以猛药去疴、重典治乱的决心，以刮骨疗毒、壮士断腕的勇气，坚决把党风廉政建设和反腐败斗争进行到底。"③**习近平总书记之所以用词如此之重，根本原因就在于尽管反腐败斗争风险**

---

① 《决胜全面建成小康社会 夺取新时代中国特色社会主义伟大胜利》，人民出版社2017年版，第66页。

② 《习近平谈治国理政》第一卷，外文出版社2018年版，第388页。

③ 《习近平谈治国理政》第一卷，外文出版社2018年版，第394页。

大、阻力强,但对于中国改革的推进与深化而言,除了强力反腐以外,别无选择、没有退路。**如果不强力反腐,问题官员不拿掉,既有的改革思路无法通过他们去贯彻落实。就此而言,要想改革成功、要想目标实现,只有强力反腐这一条路,可谓华山一条路,只能前进,不能后退。今天,反腐败斗争成效明显,但仍需要进一步推进。反腐倡廉永远在路上。

以制度做保障。制度问题更带有根本性、全局性、长期性和稳定性。中国共产党作为世界第一大党,党员将近9000万,要治理好这么大一个党,必须依靠系统有效的制度建设尤其是党内的法规制度建设。加强党内法规制度建设,是全面从严治党、依规治党的必然要求,是建设中国特色社会主义法治体系的重要内容,是推进国家治理体系和治理能力现代化的重要保障,事关党长期执政和国家长治久安。2017年6月,中共中央印发《关于加强党内法规制度建设的意见》(以下简称《意见》),从指导思想、总体目标、加快构建完善的党内法规制度体系、提高党内

第六章　新时代改革的政治保障

法规制度执行力、加强组织领导等方面，对加强新形势下党内法规制度建设提出明确要求、作出统筹部署。《意见》强调，党内法规制度体系，是以党章为根本，以民主集中制为核心，以准则、条例等中央党内法规为主干，由各领域各层级党内法规制度组成的有机统一整体。《意见》提出，到建党100周年时，形成比较完善的党内法规制度体系、高效的党内法规制度实施体系、有力的党内法规制度建设保障体系，党依据党内法规管党治党的能力和水平显著提高。

以领导干部为关键。全面从严治党，普通党员也要受约束，但领导干部是关键。就如习近平总书记指出的："从严治党，关键是要抓住领导干部这个'关键少数'，从严管好各级领导干部。"[①]习近平总书记特别强调，要从中央做起，以上率下，形成一级带一级、一级抓一级的示范效应，积极营造风清气正的从政环境。这反映了习近平总书记全面从严治党的一

---

① 《习近平关于严明党的纪律和规矩论述摘编》，中国方正出版社、中央文献出版社2016年版，第102页。

个重要思路与明显特征：在对全党统一要求的基础上，针对党内不同群体与对象又有不尽相同的、区别化的治理策略。从普通党员到领导干部再到高级领导干部，品性要求愈益提高、制度要求愈益严明、责任要求愈益严格，从而呈现为一个在统一规定的基础上各方面要求随党内职务与地位相伴上升的梯度化的治党格局。

习近平总书记在党的十八大以来的相关重要讲话中，对这一梯度治党思路多次强调。他提出，党风廉政建设，要从领导干部首先是从中央领导做起。"这个文件制定后，咱们率先垂范，然后层层制定、提出要求，对省军级干部有些什么要求，对地师级干部有些什么要求，对县团级干部有些什么要求，要有个章法，一直往下制定。"[①]而党的十八届六中全会审议通过的《关于新形势下党内政治生活的若干准则》和《中国共产党党内监督条例》这两部党内法规更是鲜

---

① 《习近平关于严明党的纪律和规矩论述摘编》，中国方正出版社、中央文献出版社2016年版，第51—52页。

明体现了这种治党思路。该准则明确指出:"新形势下加强和规范党内政治生活,重点是各级领导机关和领导干部,关键是高级干部特别是中央委员会、中央政治局、中央政治局常务委员会的组成人员。"整部法规多次强调领导干部特别是高级干部必须如何。

该条例也对中央层面提出了要求,专门就党的中央组织的监督单设一章。这种统一而有区别的治党思路是现实发展的形势使然。

其一,考虑到党员人数的众多、党员素质的参差,要让全党每一个党员完全做到纪律严明、作风过硬、信念坚定、志虑忠纯难度较大,实事求是地讲,在一定程度上并不完全现实,尽管我们必须始终对此坚持不懈地严格要求。进而言之,**就党的建设来说,既要看党员数量,更要看重点群体与关键部分的党员质量**。在此情况下,一种针对党内不同部分梯度化、区别化的治理思路就是必须而且应该考虑的。

其二,对于全面从严治党而言,党员领导干部特别是高级干部发挥着巨大的榜样示范作用。普通党员

是以领导干部特别是高级领导干部的党性修养与具体行为为实际参照,领导干部特别是高层的领导干部率先垂范、以上率下、层层推动、督促落实极为必要。

其三,对于提高党的领导水平和执政能力而言,领导干部作用非常重要,高级干部的工作尤其如此。不同于普通党员,领导干部特别是高级干部群体是不同层面改革思路的制定者、推动者、督促者与落实者,他们的素质品性如何、观念意识如何、能力水平如何,对于我们党进行具有新的历史特点的伟大斗争、推进党的建设新的伟大工程、成就中国特色社会主义的伟大事业、实现"两个一百年"奋斗目标具有实质性影响。就此而言,全面从严治党必须对党员干部特别是高级领导干部有更为严格的要求。

以坚定理想信念宗旨为根基。坚定的理想信念是安身立命之本,是党建的优良传统,优良传统不能丢,新时代必须要重新发扬、重新确立。"信仰、理想不坚定,精神上就会'缺钙',就会得'软骨病',就必然导致政治上变质、经济上贪婪、道德上

第六章　新时代改革的政治保障

堕落、生活上腐化。"①十九大报告也强调:"思想建设是党的基础性建设。革命理想高于天。共产主义远大理想和中国特色社会主义共同理想,是中国共产党人的精神支柱和政治灵魂,也是保持党的团结统一的思想基础。要把坚定理想信念作为党的思想建设的首要任务,教育引导全党牢记党的宗旨,挺起共产党人的精神脊梁,解决好世界观、人生观、价值观这个'总开关'问题,自觉做共产主义远大理想和中国特色社会主义共同理想的坚定信仰者和忠实实践者。"②今天强调理想信念,就是为了使全党每一个党员都具有自觉的使命意识与党员观念,大家心往一处想,劲往一处使,凝心聚力,攻坚克难,完成使命。

以全面增强执政本领为紧要。新时代有新的问题

---

① 习近平:《在全国党校工作会议上的讲话》(2015年12月11日),《求是》2016年第9期。

② 《决胜全面建成小康社会　夺取新时代中国特色社会主义伟大胜利》,人民出版社2017年版,第63页。

和挑战，也有旧的问题和挑战，新老问题盘根错节，不好解决，就此而言，党要担负使命，就必须要建设马克思主义学习型政党，全面增强执政本领。党的十九大报告讲到了"八个增强"，即增强学习本领、增强政治领导本领、增强改革创新本领、增强科学发展本领、增强依法执政本领、增强群众工作本领、增强狠抓落实本领、增强驾驭风险本领。在这"八个增强"中，第七个尤为重要，那就是狠抓落实。这是因为全面深化改革的思路布局已定，如何落实今天至为关键。

第七章
DIQIZHANG
新时代改革的思维方法

随着中国改革在新的历史起点上进入全面深化阶段，随着新一届中央领导集体治国理政新观点、新思路、新举措的不断提出，改革方法论成为当前理论研究的一个热点问题。改革方法论思考的着力点不完全在于方法本身，很大程度上在于对改革现实的把握与分析。

第七章　新时代改革的思维方法

恩格斯指出："一个民族要想登上科学的高峰，究竟是不能离开理论思维的。"[①]**习近平总书记治国理政的一个鲜明特点，就是特别强调要用科学思维方法去观察、思考、分析问题**。在广东考察时，习近平总书记指出要掌握辩证唯物主义和历史唯物主义的方法论，以改革开放的眼光看待改革开放，充分认识新形势下改革开放的时代性、体系性、全局性问题，在更高起点、更高层次、更高目标上推进改革开放。在治国理政实践中，总书记尤其着重强调了深邃的历史思维、严密的辩证思维、宏阔的战略思维、强烈的创新思维、整体的系统思维、清醒的底线思维和规范的法治思维等七种科学思维方法。

历史思维知大势，辩证思维增智慧，战略思维谋全局，创新思维增活力，系统思维聚合力，底线思维定边界，法治思维求善治。这些科学思维方法，贯通习近平治国理政的全过程、各领域、各方面，具有

---

① 《马克思恩格斯选集》第四卷，人民出版社1995年版，第285页。

内在联系，构成一个有机整体。在新时代，我们要全面深化改革，推进改革的再出发，就必须努力学习运用这些科学思维方法去发现问题、分析问题。只有如此，才能增强工作的科学性、预见性和创造性。

一　历史思维

历史思维，重历史过程、历史阶段、历史必然和历史合理性，它把对象和事物置于过去、现在、未来的历史发展过程中进行思考，注重揭示事物发展的必然进程及其内在逻辑。"欲知大道，必先为史。"努力学习和运用历史思维，是我们党的优良传统，也是革命、建设和改革的科学思维方法。在全面深化改革的新形势下，中国发展面临着诸多难以想象的困难与挑战，**要想更好地研究问题、把握规律、推进工作，需要更多地借助历史智慧，学习和运用历史思维能力**。

习近平总书记强调："历史是最好的教科书，

也是最好的清醒剂。"① "历史、现实、未来是相通的。历史是过去的现实，现实是未来的历史。"②他关于世界社会主义五百年的分析，关于改革开放前后两个三十年关系的阐释，关于如何评价党的历史和历史人物的论述，特别是关于中国道路的历史性审视与关于汲取中国历史智慧的阐述，都体现了深邃的历史思维，给人以深刻启迪。习近平指出，治理国家和社会，今天遇到的很多事情都可以在历史上找到影子，历史上发生过的很多事情也都可以作为今天的镜鉴。中国的今天是从中国的昨天和前天发展而来的。要治理好今天的中国，需要对中国历史和传统文化有深入了解，也需要对中国古代治国理政的探索和智慧进行积极总结。

在此意义上，"对古代的成功经验，我们要本

---

① 《习近平在纪念全民族抗战爆发七十七周年仪式上的讲话》，《人民日报》，2014年7月8日。
② 《习近平谈治国理政》第一卷，外文出版社2018年版，第67页。

着择其善者而从之、其不善者而去之的科学态度,牢记历史经验、牢记历史教训、牢记历史警示,为推进国家治理体系和治理能力现代化提供有益借鉴"。独特的文化传统,独特的历史命运,独特的基本国情,注定了我们必然要走适合自己特点的发展道路。中国道路"是在中华人民共和国成立60多年的持续探索中走出来的,是在对近代以来170多年中华民族发展历程的深刻总结中走出来的,是在对中华民族5000多年悠久文明的传承中走出来的,具有深厚的历史渊源和广泛的现实基础"。十八大以来,习近平治国理政思想,都是基于对中国"过去、现在和未来"尤其是"中华民族强起来"的历史思考而提出的。

对于当代中国改革发展而言,作为一种科学思维方法,历史思维要求加强对中国历史、党史国史、社会主义发展史和世界历史的学习,要学会运用历史眼光总结历史经验,把握历史规律,认清历史趋势,坚定中国特色社会主义方向,在对历史的深入思考中,制定可行方案,做好现实工作,更好走向未来。

二 辩证思维

辩证思维，注重矛盾分析，抓住矛盾尤其是主要矛盾；注重矛盾双方的相互作用，在注重矛盾双方对立的时候不忽视两者的统一，在注重矛盾双方统一的时候不忽视两者的对立；注重全面、联系和发展地看问题。在中国整体转型升级进程中实现现代化和民族复兴，有许多矛盾需要有效解决，有许多复杂关系需要正确处理，有许多难题需要积极破解。要做到这些，尤其需要确立辩证思维，以避免思维与行为的片面性和走极端。

由此，**辩证思维是习近平总书记最为强调、最注重运用的一种科学思维方法**。他强调："要学习掌握唯物辩证法的根本方法，不断增强辩证思维能力，提高驾驭复杂局面、处理复杂问题的本领。我们的事业越是向纵深发展，就越要不断增强辩证思维能力。当前，我国社会各种利益关系十分复杂，这就要求我们善于处理局部和全局、当前和长远、重点和非

重点的关系,在权衡利弊中趋利避害、作出最为有利的战略抉择。"①"我们想问题、作决策、办事情,不能非此即彼,要用辩证法,要讲两点论,要找平衡点。"②"在任何工作中,我们既要讲两点论,又要讲重点论,没有主次,不加区别,眉毛胡子一把抓,是做不好工作的。"③"在推进改革中,要坚持正确的思想方法,坚持辩证法,处理好解放思想和实事求是的关系、整体推进和重点突破的关系、全局和局部的关系、顶层设计和摸着石头过河的关系、胆子要大和步子要稳的关系、改革发展稳定的关系。"④"要注重抓主要矛盾和矛盾的主要方面,注重抓重要领域和关键环节,努力做到全局和局部相配套、治本和治

---

① 《习近平关于协调推进"四个全面"战略布局论述摘编》,中央文献出版社2015年版,第87页。

② 习近平:《干在实处 走在前列——推进浙江新发展的思考与实践》,中共中央党校出版社2013年版,第550页。

③ 《习近平关于协调推进"四个全面"战略布局论述摘编》,中央文献出版社2015年版,第160页。

④ 《习近平关于全面深化改革论述摘编》,中央文献出版社2014年版,第47页。

标相结合、渐进和突破相衔接,实现整体推进和重点突破相统一。"①

对当代中国改革发展而言,作为一种科学思维方法,辩证思维要求领导干部要"抓两点"和"抓重点"相结合,既要全面分析,又要精准发力,要善于通过矛盾分析把握改革发展规律,客观地而不是主观地、发展地而不是静止地、全面地而不是片面地、普遍联系地而不是孤立地观察、分析和解决问题。

三 战略思维

战略思维,就是对根本性、全局性、长远性问题和关系进行科学谋划的一种思维方式;它意味着时间维度上的长远考虑,跳出眼前从长远看眼前;空间维度上的全局谋划,跳出局部从全局看局部;系统维度上的整体布局,跳出部分从整体看部分;它致力于解

---

① 《习近平关于协调推进"四个全面"战略布局论述摘编》,中央文献出版社2015年版,第44页。

决根本性问题,努力占据发展的制高点,从整体上把握事物发展趋势和方向,进而具有战略定力。

新时代在中国整体转型升级中实现现代化和民族复兴,首先是一个战略问题。战略问题就需要运用战略思维来分析。作为治理一个大国的领袖,习近平总书记是一位战略家,在治国理政问题上,他特别注重从战略上进行思考和谋划。他深刻指出:"战略问题是一个政党、一个国家的根本性问题。战略上判断得准确,战略上谋划得科学,战略上赢得主动,党和人民事业就大有希望。"[①]他反复强调:要树立大局意识,善于思考大局,正确认识大局,自觉服从大局,坚决维护大局;要放眼世界,放眼未来,也放眼当前,放眼一切方面;要善于观大势、谋大事,正确认识和积极顺应中国和世界发展大势,正确认识和妥善处理党和国家面临的大事,把握工作主动权,跟上时代前进步伐,推动事业顺利发展;要加强战略思维,

---

① 习近平:《在纪念邓小平同志诞辰110周年座谈会上的讲话》,人民出版社2014年版,第19页。

增强战略定力，做到"任凭风浪起，稳坐钓鱼船"；要站在战略的高度，善于从政治上认识和判断形势，观察和处理问题，善于透过纷繁复杂的表面现象，把握事物的本质和发展的内在规律；要努力增强总揽全局的能力，放眼全局谋一域，把握形势谋大事，用战略思维去观察当今时代，洞悉当代中国。

对于当代中国改革发展而言，作为一种科学思维方法，战略思维要求领导干部具有敏锐的洞察力和清醒的判断力，能够从全局角度、以长远眼光看问题，从整体上把握事物发展趋势和方向，既能够制定科学可行的战略方案，又能够根据环境变化及时调整战略方案。

四 创新思维

创新思维，就是对事物做全新思考，对结构做全新调整，对活动做全新谋划，力求寻找新思路，打开新局面，开创新境界，提升新水平。实现战略目标必

须注重创新,它在创新中逐步实现,缺乏创新,就无法实现战略目标。

十八大以来,在习近平总书记的公开讲话和报道中,"创新"一词出现超过千次,可见其受重视程度。这些论述,涵盖了创新的方方面面,涉及众多领域。习近平指出,改革最本质的要求就是创新。"创新是一个民族进步的灵魂,是一个国家兴旺发达的不竭动力,也是中华民族最深沉的民族禀赋。在激烈的国际竞争中,惟创新者进,惟创新者强,惟创新者胜。"① "我们必须把创新作为引领发展的第一动力,把人才作为支撑发展的第一资源,把创新摆在国家发展全局的核心位置,不断推进理论创新、制度创新、科技创新、文化创新等各方面创新,让创新贯穿党和国家一切工作,让创新在全社会蔚然成风。"②

2013年7月习近平到中科院考察时强调,要营造

---

① 《习近平关于科技创新论述摘编》,中央文献出版社2016年版,第3页。

② 《习近平谈治国理政》第二卷,外文出版社2017年版,第198页。

勇于创新、鼓励成功、宽容失败的社会氛围。可以说，正是由于勇于实践、善于创新，党的十八大以来，我们的指导思想才与时俱进，形成了习近平新时代中国特色社会主义思想。作为一种科学思维方法，创新思维要求领导干部要敢于打破思维定式，解放思想、超越陈规、因地制宜、与时俱进、求真务实、锐意进取，以思想认识的新飞跃打开工作的新局面。

五　系统思维

系统思维，就是从系统与要素、要素与要素以及系统与环境的相互联系、关系结构、相互作用中去把握事物、思考问题，以处理好整体与部分、结构与功能的关系。系统是由相互联系、相互作用和相互依赖的若干要素结合而成的具有特定功能的有机整体，其具有鲜明的整体性、关联性、层次结构性、动态平衡性、开放性和时序性特征。系统思维包含结构—功能思维。

习近平特别强调全面深化改革必须具有系统思维:"我国改革已经进入攻坚期和深水区,进一步深化改革,必须更加注重改革的系统性、整体性、协同性,统筹推进重要领域和关键环节改革。""我们要统筹谋划深化改革各个方面、各个层次、各个要素,注重推动各项改革相互促进、良性互动、协同配合。要坚持整体推进,加强不同时期、不同方面改革配套和衔接,注重改革措施整体效果,防止畸重畸轻、单兵突进、顾此失彼。"[①]

系统思维特别强调系统结构与系统功能的关系,强调通过优化事物的结构来发挥事物的整体功能。事物的整体功能取决于事物各要素之间的结构。既可以为了实现某种功能而调整事物的结构,也可以通过调整事物的结构而改变其功能。

我国的全面深化改革实质上就是结构性改革,包括经济结构、政治结构、文化结构、社会结构,以及

---

① 《习近平关于全面深化改革论述摘编》,中央文献出版社2014年版,第44页。

第七章　新时代改革的思维方法

政治、经济、社会之间的结构等。2016年，习近平在主持中央政治局第三十次集体学习时强调："推进结构性改革特别是供给侧结构性改革，是'十三五'的一个发展战略重点。要在适度扩大总需求的同时，着力推进供给侧结构性改革，重点是去产能、去库存、去杠杆、降成本、补短板，增强供给结构对需求变化的适应性和灵活性，推动我国社会生产力水平实现整体跃升。"

2018年10月在广东考察时，习近平总书记对广东提出的工作要求就包括提高发展平衡性和协调性。要加快推动乡村振兴，建立健全促进城乡融合发展的体制机制和政策体系，带动乡村产业、人才、文化、生态和组织振兴。要加快形成区域协调发展新格局，做优做强珠三角核心区，加快珠海、汕头两个经济特区发展，把汕头、湛江作为重要发展极，打造现代化沿海经济带。要推动物质文明和精神文明协调发展，不断提升人民文明素养和社会文明程度。要全面推进法治建设，提高社会治理智能化、科学化、精准化

水平。

对于当代中国改革发展而言,作为一种科学思维方法,系统思维及结构思维要求领导干部要具有全局意识、协同意识、整体意识,注重调结构、补短板,把握好事物的整体性、协调性、次序性和衔接性。

六 底线思维

底线思维,就是凡事从坏处准备,积极主动应对,趋利避害,有守有为,努力争取最好结果。底线是事物发生质变的度的临界点,一旦突破底线,事情就会发生质变,从可以接受变得不可接受。底线思维意味着要树立问题意识、危机意识、效果意识和边界意识,遇事从容应对,牢牢掌握主动权。从坏处准备,才能筑牢防线,解除后顾之忧,因为底线失守意味着满盘皆输。但底线思维又不是一种固步自封的思维方法,守住底线只是底线思维的起点。守住底线,把危险和危机控制在可以掌控的范围内,其目标在于推动矛盾向其对立面转化,达到最好的结果。这说明,底线思维蕴含着积极有为的态度,要求人们积极寻求合适的方法,推动目标尽快实现。

2013年1月5日,习近平在新进中央委员会的委员、候补委员学习贯彻党的十八大精神研讨班开班式上指出:"我们的事业越前进、越发展,新情况新问题就会越多,面临的风险和挑战就会越多,面对的不可预料的事情就会越多。我们必须增强忧患意识,做到居安思危。"他还强调:"要善于运用'底线思维'方法,凡事从坏处准备,努力争取最好的结果,做到有备无患、遇事不慌,牢牢把握主动权。"习近平运用底线思维思考中国的改革发展:在方向道路问题上,强调头脑必须清醒,"既不走封闭僵化的老路,也不走改旗易帜的邪路,要坚定不移地走中国特色社会主义道路";在经济社会发展上,强调"要继续按照守住底线、突出重点、完善制度、引导舆论的思路,统筹教育、就业、收入分配、社会保障、医药卫生、住房、食品安全、安全生产等,切实做好改

善民生各项工作";在生态上,强调"不以牺牲环境为代价去换取一时的经济增长,要牢固树立生态红线观念";在党建上,强调"要化解精神懈怠、能力不足、脱离群众、消极腐败'四种危险',党员干部对法纪制度要时刻怀有敬畏之心,做到不越边界、不踩红线、不碰高压线"。

对于当代中国改革发展而言,作为一种科学思维方式,底线思维要求领导干部思想要清醒、态度要坚决、行动要果断,在具体工作中要坚持"定位—定标—定法"的统一。"定位"是要居安思危,增强忧患意识、危机意识,运用底线思维了解全局,设定最低目标,找准底线;"定标"是要量力而行,确定可能的最优目标;"定法"是发挥主观能动性,把工作预案准备得更充分、更周详,采用恰当的方法,从底线通达顶线,努力争取最大成功可能。

第七章　新时代改革的思维方法

七　法治思维

法治思维是与人治思维、特权思维相对立的一种思维方法，是指一定主体以法治理念为基础，运用法律规范、法律原则、法律精神和法律逻辑对所遇到或所要处理的问题进行分析、综合、判断、推理和形成结论、决定的思想认识活动与过程。

党的十八大报告首次提出"提高领导干部运用法治思维和法治方式能力"以来，习近平总书记在不同场合的重要讲话中，多次强调各级领导干部要着力提高运用法治思维和法治方式的能力。习总书记的相关讲话基于中国的改革大势，既有理论的继承与创新，又有实践的总结与发展；既有立足于发展全局的宏观认识，又有着眼于操作层面的具体部署。2012年年底，习总书记在纪念现行宪法公布实施30周年大会上重申"法治是治国理政的基本方式"，强调"坚持依法治国、依法执政、依法行政共同推进；坚持法治国家、法治政府、法治社会一体建设"。"法律要发

挥作用,需要全社会信仰法律。……引导群众遇事找法、解决问题靠法,逐步改变社会上那种遇事不是找法而是找人的现象。"①对于各级领导干部,他指出要带头依法办事,带头遵守法律,对宪法和法律保持敬畏之心,牢固确立法律红线不能触碰、法律底线不能逾越的观念;要提高运用法治思维和法治方式的能力,努力以法治凝聚改革共识、规范发展行为、促进矛盾化解、保障社会和谐。

作为一种科学思维方法,**法治思维要求领导干部适应国家法治进程飞速发展的趋势和要求,改变过去那种权大于法的思维、管制思维与简单的命令思维**,切实实现思维方法的与时俱进,以法治的眼光、法治的方式治国理政,带头学法、带头知法、带头用法、带头守法,保障民权、规范公权,严格履行法定职责,在法治的轨道上推动各项工作,真正建立对法治的信仰和敬畏。

---

① 《十八大以来重要文献选编》(上),中央文献出版社2014年版,第721—722页。